생활 속 혁신 프로젝트

창업가정신

워크북

문미경 · 남수현 · 오일환

씨마스

청소년 창업가정신(Entrepreneurship)이란
실패를 두려워하지 않는
혁신적이고 창의적인 사고를 바탕으로
빠르게 변화하는 사회 환경에 능동적으로
대처하여 새로운 가치를 창출하려는
태도나 행동 양식입니다.

청소년 창업가정신 핵심 역량

1 가치창출 역량

미래의 변화에서 새로운 기회를 적극적으로 탐색하고, 해결하고자 하는 문제에 대해 관심을 갖고 관련 지식을 탐구하며, 창의적인 방식으로 가치 있는 대안을 창출할 수 있다.

2 도전 역량

새로운 기회의 가치와 위험을 합리적으로 고려하고 관리할 수 있는 지식과 기술을 추구하고, 기회의 실현을 위해 적극적으로 도전할 수 있다.

3 자기주도 역량

새로운 가치 창출을 위해 목표를 설정하고, 자기 스스로 계획을 세우고 통제하여 목표 달성을 위해 지속적으로 노력할 수 있다.

4 집단창의 역량

공동 목표 달성을 위해 유연한 사고로 다른 사람들과 소통하고, 타인의 지지와 도움을 끌어내며, 다양한 자원을 연계하여 집단의 능력을 극대화할 수 있다.

출처: 《청소년 창업가정신 핵심 역량 진단 도구 활용 매뉴얼》, 교육부, 2020.

좋아하는 것, 주변에서 발견한 문제를 해결하는 것에서 시작한다

나의 곤충에게 먹일 사료를 만들다 창업까지

 # 창업 스토리 어릴 때 장수풍뎅이나 사슴벌레를 키우면서 곤충에 대한 관심이 커졌습니다. 키우는 곤충 종류와 개체가 많아지면서 문제가 발생했습니다. 국내에는 곤충 사료 업체가 거의 없어 필요한 사료를 구하는 것도 쉽지 않았고, 품질에 비해 가격도 비싸 중학생의 용돈으로는 감당할 수가 없었습니다. 그래서 스스로 연구하여 사료를 만들기 시작했고 3년의 연구 끝에 사료를 개발했습니다. 2018년 K-스타트업 대회에서 받은 상금 1억 원을 밑천으로 고등학교 1학년 때 반려 곤충 사료업체 '칠명 바이오'를 설립했습니다.

주요 제품

전기차를 처음 탄 날 고생한 경험을 창업으로

 # 창업 스토리 박용희 대표는 2015년에 전기차를 구입하고 새 차를 직접 받기 위해 광주광역시까지 내려갔습니다. 그러나 집으로 돌아오는 길에 문제가 터졌습니다. 비가 오는 날씨에 에어컨을 계속 틀고 운행했더니 예상보다 더 빨리 배터리가 닳아 버린 것이었습니다. 충전소의 위치를 알 수 없었고 온라인 정보도 부족해서 한참을 헤맨 끝에 겨우 지자체 충전소에서 문제를 해결했습니다. 이후 외출할 때마다 구글 지도에 전기차 충전소 정보를 표시하기 시작했고, 이를 동호회에 공유하자 반응이 폭발적이었습니다. 이 경험을 바탕으로 충전소 위치와 충전 타입 등 전기차 사용자들에게 필요한 정보를 제공하겠다는 목표로 2016년 소프트베리를 창업하고 'EV Infra(인프라)' 앱을 만들었습니다.

주요 제품

이 책의 차례

이 워크북은

활동 01은 자신의 경험을 성찰하여 새로운 출발을 준비하는 활동으로,
활동 02~04는 디자인씽킹 프로세스에 따라 구성하였습니다.
활동 05는 팀의 아이디어로 투자 설명회를 진행하는 활동으로,
활동 06은 팀의 활동을 성찰하여 성과를 정리하고 자신의 진로 포트폴리오를 작성하는 활동으로 구성하였습니다.

디자인씽킹 프로세스

디자인씽킹은 인간 중심 방법론입니다. 문제를 발견하면 발생 현장을 잘 관찰하고 어떤 상황에서 생긴 문제인지 파악합니다. 그와 관련된 사람들의 바람과 필요 사항을 주의 깊게 듣고 진짜 해결할 문제가 무엇인지 이해합니다. 그 과정을 통해 문제 해결 방법을 다양하게 시도하고, 가장 효과적일 것으로 기대하는 아이디어를 실행합니다.

UNDER-STANDING
사용자 중심의 관찰, 공감

공감하기	**이해하고 공감하기** 상황을 관찰하고 불편함에 공감하는 과정
정의하기	**문제를 정의하기** 문제를 인식하고 공유하여 문제점을 정의하는 과정

CREATE
발산과 수렴을 통한 통합적 사고

아이디어 내기	**아이디어 확장하기** 아이디어를 자유롭게 발산하는 과정
프로토타입 제작하기	**아이디어 구현하기** 아이디어를 시각화·구체화하는 과정

CREATE
구현하기

테스트하기	**아이디어 실행하기** 피드백을 통해 아이디어를 개선하여 실행하는 과정

활동 순서

● 우리는 진짜 팀이 될 수 있을까? ... 8쪽

활동 01 경험에서 배운다 ... 10쪽

활동 02 문제의 뿌리를 찾아라 ... 16쪽

● 우리는 진짜 팀일까? ... 22쪽

활동 03 생각을 비틀면 세상이 달라진다 ... 24쪽

활동 04 아이디어로 세상을 움직이다 ... 30쪽

활동 05 아이디어, 가치를 증명하라! ... 36쪽

활동 06 우리의 도전, 무엇을 남겼을까? ... 42쪽

활동별 수업 흐름

각 활동은 도입 ▶ STEP 1 ▶ STEP 2 ▶ STEP 3 순으로 전개됩니다.
학생이 자기 주도적으로 활동하도록 활동 미션을 제시하였고,
STEP마다 시간을 배분하여 수업을 계획적으로 운영할 수 있습니다.

준비

활동 미션, 차시별 활동 내용과 시간 배분을 확인합니다.

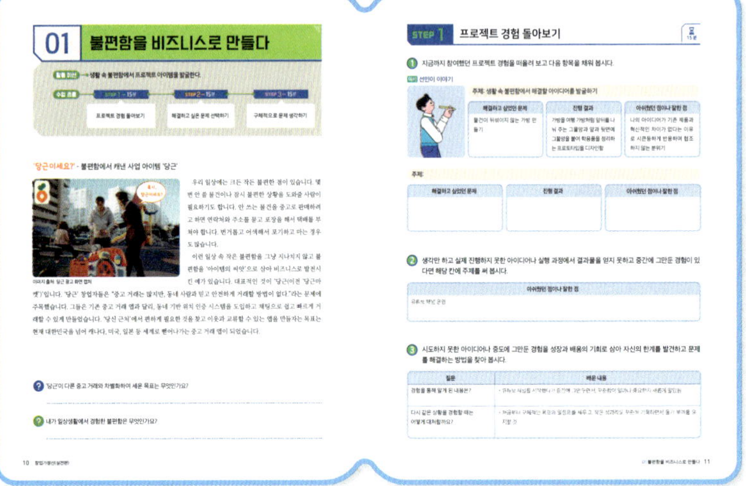

도입

본격적인 활동을 하기 전에 생각을 열어 줍니다. 활동별로 필요한 정보를 제공하여 활동과 연결할 수 있도록 합니다. 도입의 내용에 대한 질문을 통하여 활동 주제를 나와 관련하여 생각해 볼 수 있도록 합니다.

STEP 1 / 전개

활동별 미션 수행의 도움닫기와 같습니다. 자신을 성찰하거나 쉬운 문제를 연습하며 STEP2에서 이루어질 좀더 본격적인 활동을 어려움없이 할 수 있도록 합니다.

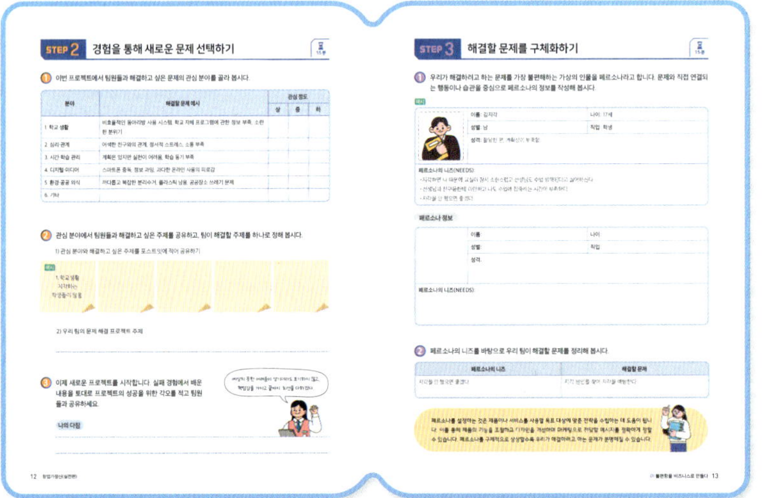

STEP 2 / 발전

활동에 따라 새로운 문제 선택하기, 5WHYS로 진짜 문제 확인하기, 트리즈의 발명 원리 적용하기, 소모임별 역할 수행하기, 모의 투자 설명회 진행하기, 팀별 프로젝트 수행 과정 성찰하고 평가하기를 수행합니다.

STEP 3 / 마무리

활동에 따라 해결할 문제 구체화하기, 해결할 문제 정의하기, 문제 해결 아이디어 공유하고 피드백하기, 각 팀별 기획안 공유하고 피드백하기, 모의 투자 결과 분석 및 피드백 공유하기, 성장 경험을 나누고 프로젝트 마무리하기를 수행합니다.

창업가정신 역량 함양에 도움이 되는 읽기 자료, 활용된 자료의 추가 설명, 참고할 사례, 문제 해결 사례, 아이디어 발상 기법 등을 수록하였습니다.

창업가정신을 통해 함양할 수 있는 능력, 창업가정신을 실현한 젊은 창업가 이야기, 스타트업과 아이디어의 사업화에 필요한 '시각화'의 중요성, 청소년용 성격 강점 검사 등을 수록했습니다.

우리는 진짜 팀이 될 수 있을까?

< 함께하는 힘, 진짜 팀을 만드는 세 가지 조건 >

우리는 학교에서 다양한 활동을 합니다. 조별 과제, 팀 프로젝트, 발표 준비, 봉사 활동, 캠페인 등은 대부분 여러 사람이 함께 협력해야 하는 과제로 이루어져 있습니다. 이러한 활동에서 단순히 '같은 팀'으로 묶였다는 이유로 좋은 결과가 자동으로 나오지는 않습니다.

진짜 팀이 되려면 단순한 역할 배분이나 시간 맞추기 이상의 것이 필요합니다. 서로를 배려하고 존중하는 태도, 그리고 신뢰와 소통을 바탕으로 함께 만들어가는 기본적인 약속이 필요합니다.

① 심리적 안전감

심리적 안전감은 구성원이 실수하거나 엉뚱한 생각을 표현하더라도 비난받지 않고, 자유롭게 말할 수 있는 분위기에서 생긴다. 심리적 안전감은 건강한 팀워크의 출발점으로, 팀원 각자가 소외되거나 위축되지 않도록 보호해 주며, 창의적 사고와 자발적인 참여를 유도하는 데 필수적인 요소이다.

> 실수를 했을 때 "괜찮아", "그럴 수도 있지"라고 말해 주어서 주눅 들지 않을 수 있었어요. 좀 엉뚱한 생각을 말했을 때도 새로운 아이디어라고 말해 주니까 어떤 생각이든 편하게 이야기할 수 있어요. 마음이 편하면 아이디어도 잘 떠오르고 더 자신 있게 활동에 참여할 수 있어요. (팀원 3인의 이야기)

② 신뢰

리더와 팀원이 스스로의 부족함과 실수를 인정하고, 필요할 때 솔직하게 도움을 요청할 수 있는 분위기 속에서 진정한 신뢰가 형성된다. 이러한 신뢰는 방어적 태도를 줄이고 팀원 간 깊은 유대감을 형성함으로써, 협업의 질을 높이고 공동의 목표 달성에 효과적으로 기여한다.

③ 목적 공유

팀이 활동을 통해 이루고자 하는 목적과 방향성을 명확히 공유하면 구성원의 자발적인 참여와 협력을 강화하고, 책임감을 고취하는 동력이 된다.

* 참고 문헌: <최고의 팀은 무엇이 다른가>, 대니얼 코일, 웅진지식하우스, 2018.

프로젝트는 함께하는 활동이 많습니다. 서로 도움을 주고받으며 프로젝트를 진행해야 합니다.
진짜 팀이 되어 서로에게 힘이 되고 서로를 통해 배우며 프로젝트를 성공적으로 마무리해 봅시다.

우리가 진짜 팀이 되기 위해 서로에게 가져야 할 태도는 무엇인지, 내가 팀에 기여할 수 있는 방법은 무엇인지 생각해 봅시다.

❶ 다음 항목을 천천히 읽고, 우리 팀의 분위기와 준비 상태를 생각해 봅시다.

항목	그렇다	그런 편이다	아니다
1. 우리 팀은 서로의 이름을 알고, 편하게 말할 수 있는 분위기이다.	○	△	✕
2. 팀 안에서 실수하거나 엉뚱한 생각을 말해도 괜찮다고 느낀다.	○	△	✕
3. 서로를 격려하거나 응원하는 말이 자연스럽게 오간다.	○	△	✕
4. "이건 잘 모르겠어요."라고 솔직하게 말할 수 있는 분위기다.	○	△	✕
5. 내가 부족한 부분을 이야기해도 팀원들이 잘 받아줄 것 같다.	○	△	✕
6. 우리는 이번 프로젝트의 활동 주제를 알고 있다.	○	△	✕
7. 우리 팀은 활동 목표나 방향에 대해 함께 이야기한 적이 있다.	○	△	✕

❷ 팀원들과 1~2개의 항목을 골라 짧게 이야기해 보세요.

<프로젝트를 진행하는 동안 함께 생각해 볼 질문>

• 서로 편하게 이야기할 수 있는 팀의 분위기를 만들기 위해 어떻게 할까?
• 실수하거나 잘 모를 때 솔직하게 도움을 요청할 수 있는 팀일까?
• 우리는 이 프로젝트를 하는 목표를 공유하고 있을까?

경험에서 배운다

활동 미션 → 생활 속 불편함에서 프로젝트 아이템을 발굴한다.

수업 흐름 → STEP 1 – 15분 · STEP 2 – 15분 · STEP 3 – 15분

| 프로젝트 경험 돌아보기 | 해결하고 싶은 문제 선택하기 | 구체적으로 문제 생각하기 |

'당근이세요?' - 불편함에서 캐낸 사업 아이템 '당근'

이미지 출처: 당근 광고 화면 캡처

우리 일상에는 크든 작든 불편한 점이 있습니다. 몇 번 안 쓸 물건이나 잠시 불편한 상황을 도와줄 사람이 필요하기도 합니다. 안 쓰는 물건을 중고로 판매하려고 하면 연락처와 주소를 묻고 포장을 해서 택배를 부쳐야 합니다. 번거롭고 어색해서 포기하고 마는 경우도 많습니다.

이런 일상 속 작은 불편함을 그냥 지나치지 않고 불편함을 '아이템의 씨앗'으로 삼아 비즈니스로 발전시킨 예가 있습니다. 대표적인 것이 '당근(이전 '당근마켓')'입니다. '당근' 창업자들은 "중고 거래는 많지만, 동네 사람과 믿고 안전하게 거래할 방법이 없다."라는 문제에 주목했습니다. 그들은 기존 중고 거래 앱과 달리, 동네 기반 위치 인증 시스템을 도입하고 채팅으로 쉽고 빠르게 거래할 수 있게 만들었습니다. '당신 근처'에서 편하게 필요한 것을 찾고 이웃과 교류할 수 있는 앱을 만들자는 목표는 현재 대한민국을 넘어 캐나다, 미국, 일본 등 세계로 뻗어나가는 중고 거래 앱이 되었습니다.

❓ '당근'이 다른 중고 거래와 차별화하여 세운 목표는 무엇인가요?

❓ 내가 일상생활에서 경험한 불편함은 무엇인가요?

프로젝트 경험 돌아보기

1 지금까지 참여했던 프로젝트 경험을 떠올려 보고 다음 항목을 채워 봅시다.

예시 **선민이 이야기**

주제: 생활 속 불편함에서 해결할 아이디어를 발굴하기

해결하고 싶었던 문제	진행 결과	아쉬웠던 점이나 잘한 점
물건이 뒤섞이지 않는 가방 만들기	가방을 여행 가방처럼 앞뒤를 나눠 주는 그물망과 앞과 뒷면에 그물망을 붙여 학용품을 정리하는 프로토타입을 디자인함.	나의 아이디어가 기존 제품과 혁신적인 차이가 없다는 이유로 시큰둥하게 반응하며 협조하지 않는 분위기

주제:

해결하고 싶었던 문제	진행 결과	아쉬웠던 점이나 잘한 점

2 생각만 하고 실제 진행하지 못한 아이디어나 실행 과정에서 결과물을 얻지 못하고 중간에 그만둔 경험이 있다면 해당 칸에 주제를 써 봅시다.

생각만 했거나 중간에 그만둔 경험
유튜브 채널 운영

3 시도하지 못한 아이디어나 중도에 그만둔 경험을 성장과 배움의 기회로 삼아 자신의 한계를 발견하고 문제를 해결하는 방법을 찾아 봅시다.

질문	배운 내용
경험을 통해 알게 된 내용은?	• 유튜브 채널을 시작했다가 중간에 그만두면서, 꾸준함이 얼마나 중요한지 새롭게 알았음.
다시 같은 상황을 경험할 때는 어떻게 대처할까요?	• 처음부터 구체적인 목표와 일정표를 세우고, 작은 성과라도 꾸준히 기록하면서 동기 부여를 유지할 것

① 이번 프로젝트에서 팀원들과 해결하고 싶은 문제의 관심 분야를 골라 봅시다.

분야	해결할 문제 예시	관심 정도		
		상	중	하
1. 학교 생활	비효율적인 동아리방 사용 시스템, 학교 자체 프로그램에 관한 정보 부족, 소란한 분위기			
2. 심리·관계	어색한 친구와의 관계, 정서적 스트레스, 소통 부족			
3. 시간·학습 관리	계획은 있지만 실천이 어려움, 학습 동기 부족			
4. 디지털·미디어	스마트폰 중독, 정보 과잉, 과다한 온라인 사용의 피로감			
5. 환경·공공 의식	까다롭고 복잡한 분리수거, 플라스틱 남용, 공공장소 쓰레기 문제			
6. 기타				

② 관심 분야에서 팀원들과 해결하고 싶은 주제를 공유하고, 팀이 해결할 주제를 하나로 정해 봅시다.

1) 관심 분야와 해결하고 싶은 주제를 포스트잇에 적어 공유하기

2) 우리 팀의 문제 해결 프로젝트 주제

----

③ 이제 새로운 프로젝트를 시작합니다. 실패 경험에서 배운 내용을 토대로 프로젝트의 성공을 위한 각오를 적고 팀원들과 공유하세요.

나의 다짐

1 우리가 해결하려고 하는 문제를 가장 불편해하는 가상의 인물을 페르소나라고 합니다. 문제와 직접 연결되는 행동이나 습관을 중심으로 페르소나의 정보를 작성해 봅시다.

예시

	이름: 김지각	나이: 17세
	성별: 남	직업: 학생
	성격: 활달한 편, 계획성이 부족함.	

페르소나의 니즈(NEEDS):
- 지각하면 나 때문에 교실이 잠시 소란스럽고 선생님도 수업 방해된다고 싫어하신다.
- 선생님과 친구들한테 미안하고 나도 수업에 집중하는 시간이 부족하다.
- 지각을 안 했으면 좋겠다.

페르소나 정보

	이름:	나이:
	성별:	직업:
	성격:	

페르소나의 니즈(NEEDS):

2 페르소나의 니즈를 바탕으로 우리 팀이 해결할 문제를 정리해 봅시다.

페르소나의 니즈	해결할 문제
지각을 안 했으면 좋겠다.	지각 원인을 찾아 지각을 예방한다.

페르소나를 설정하는 것은 제품이나 서비스를 사용할 목표 대상에 맞춘 전략을 수립하는 데 도움이 됩니다. 이를 통해 제품의 기능을 조절하고 디자인을 개선하며 마케팅으로 전달할 메시지를 정확하게 정할 수 있습니다. 페르소나를 구체적으로 상상할수록 우리가 해결하려고 하는 문제가 분명해질 수 있습니다.

페르소나-상상의 고객

페르소나(Persona)란?

　페르소나(Persona)는 우리가 해결하려고 하는 문제를 겪고 있는 가상의 인물입니다. 실제 어디엔가 살고 있는 사람처럼 생생하게 느껴질 수 있도록 이름, 나이, 특징, 일상, 고민까지 구체적으로 설정합니다. 페르소나를 통해 막연하고 추상적인 문제를 구체적이고 현실적인 사람을 중심으로 다시 바라볼 수 있습니다.

어디에 살고 있는 누구인가, 직업은 무엇이고 무엇을 좋아하는지 등 페르소나의 차이에 따라 제품이나 서비스에 대한 호감이나 접근성이 다릅니다. 그래서 페르소나의 구체적인 부분까지 상상할수록 행동을 정확하게 예측할 수 있습니다.

페르소나(Persona)를 설정하면 좋은 점

- "누구를 위해 문제를 해결해야 할까?"가 분명해집니다.
- "이 사람(페르소나)은 왜 이런 문제를 겪고 있을까?"를 생각하게 됩니다.
- "어떻게 도와주면 이 사람(페르소나)이 더 나아질까?"를 상상할 수 있습니다.

페르소나(Persona) 설정 과정

대상 선정	이름 짓기	기본 정보 정리	일상과 행동 습관	고민이나 불편 사항
문제를 겪는 인물: 자주 지각하는 학생, 수업에 집중하지 못하는 학생 등	지민, 수아, 민재 등	나이, 학년, 성격, 특징 등	늦잠, 스마트폰 과몰입 등	스마트폰을 보다 너무 늦게 자서 늦게 일어나게 됨.

페르소나 프로필 예시

이름: 손지민	나이: 17세, 고2
성별: 여	직업: 학생

성격: 다정하지만 계획성이 부족함.
특징: 스마트폰을 자주, 많이 사용함.
일상생활 습관: 밤늦게까지 스마트폰을 사용함, 아침에 늦게 일어남, 가끔 졸려서 수업에 집중하지 못함.

고민이나 불편 사항: 아침마다 수면 부족을 느끼고 지각할까 봐 걱정함.
시간 관리에 실패한 자신을 탓하며 스트레스를 받음.

실패의 가치-혁신의 밑거름

우리는 흔히 성공한 이야기만을 기억합니다.
하지만 진짜 배움은 때때로 실패에서 시작됩니다.

스웨덴의 심리학자 사무엘 웨스트(Samuel West)는 실패와 성공에 대하여 사람들이 어떻게 생각하는지 수년 간 연구했습니다. 대부분 성공한 사업들은 하루아침에 이루어진 것이 아니라 많은 시행착오와 실패를 겪고 만들어진 것이었습니다. 웨스트 박사는 "혁신을 위해서는 실패를 받아들이는 것이 필수적"이라는 철학 아래, 대중들에게 실패가 혁신 과정의 자연스러운 부분임을 보여 주고자 했습니다. 또한 기업과 개인이 실패를 두려워하는 문화에서 벗어나 실패로부터 배우는 것이 중요함을 강조하고자 했습니다. 그래서 2017년 세계 최초의 "실패 박물관(Museum of Failure)"을 설립했습니다. 그는 "실패 박물관"에 실패한 제품을 전시하는 것을 넘어, 그 실패에 담긴 이야기와 교훈을 공유함으로써 혁신의 과정에서 발생한 실패의 가치를 재조명합니다.

실패 사례		실패 요인	성공적 변화
구글 글래스	2014년 출시된 내장 카메라, 음성 제어, 투명 화면 등 미래형 기능을 갖춘 스마트 안경	미완성된 시제품으로 기술이 제대로 작동하지 않음. 개인 정보 침해 우려로 일부 지역에서 사용 금지됨.	?
Nintendo Virtual Boy	1995년 닌텐도가 출시한 세계 최초의 3D 게임 콘솔. 사용자가 입체적인 그래픽을 경험할 수 있도록 설계된 독특한 형태의 기기	머리에 착용할 수 없는 구조, 붉은색 단색 화면, 낮은 그래픽 품질, 그리고 건강상의 우려 등	사용자 편의성과 몰입감을 강화한 닌텐도 Wii와 3DS 등 혁신적인 제품 개발에 성공함.

출처:실패 박물관 홈페이지(https://museumoffailure.com/#services)

? 만약 내가 구글 글래스를 실패로 끝내지 않고 성공으로 이끌고 싶다면 어떤 점을 바꾸어야 할까요?
(인터넷 검색을 통해 구글 글래스에 기대를 걸었던 이유, 구글 글래스의 디자인, 착용감, 사회적 인식 등 사용자 관점에서 생각해 보고 아이디어를 적어 봅시다.)

문제의 뿌리를 찾아라

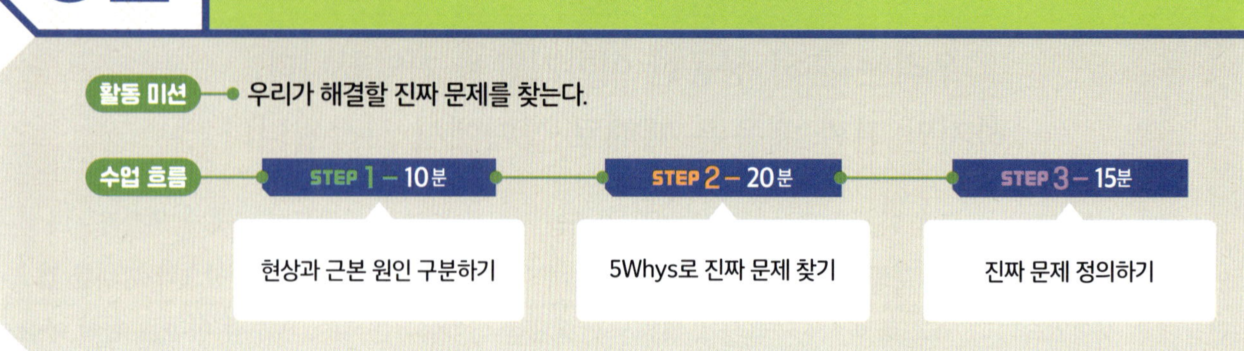

왜 현상과 진짜 문제를 구분해야 할까요?

겉으로 드러난 현상만 보고 문제 해결 방법을 찾으면 잠깐은 좋아지는 것 같지만 같은 문제가 반복될 수 있습니다. 진짜 문제(근본 원인)를 찾아 해결해야 같은 일이 다시 일어나는 것을 막을 수 있습니다.

1. 겉으로 드러난 현상: 눈에 보이는 '현상'으로 사람들이 쉽게 이야기하거나 지적하는 문제입니다. 예를 들어 "숙제를 안 해 온다.", "집중을 못 한다." 같은 상황을 말합니다.

2. 진짜 문제(근본 원인)란?: 겉으로 드러난 문제를 만들어 낸 "원인"입니다. 보이지 않지만 행동이나 결과를 유발하는 핵심적인 이유입니다. 제도, 습관, 감정, 환경적 요인이 포함될 수 있습니다.

드러난 현상	스마트폰 배터리가 빨리 닳는다.	현수가 자주 지각한다.
진짜 문제	자주 사용하는 앱이 배터리를 많이 소모하거나 백그라운드 작업이 실행되기 때문이다.	밤늦게까지 스마트폰을 하다가 늦게 자서 아침에 일어나기 힘들기 때문이다.
해석	"배터리가 빨리 닳는다."는 문제는 충전을 자주 한다고 해결되지 않는다. 배터리를 많이 쓰는 앱이 있는지 확인하기, 화면 밝기나 백그라운드 앱 설정을 점검해야 진짜 문제를 해결할 수 있다.	지각을 하지 않겠다고 다짐하고 알람 소리를 키워도 지각이 반복될 수 있다. "왜 지각하지?"라고 원인을 파고들면, 스마트폰 사용 등 진짜 문제를 찾아 근본적인 해결책을 세울 수 있다.

? 내가 일상생활에서 문제라고 생각하는 '현상'은 무엇인가요?

STEP 1 현상과 근본 원인 구분하기

1 다음 문제와 해결 방법을 보고 같은 문제가 반복되지 않을지 판단해 보세요.

문제	해결 방법	같은 문제가 반복되지 않을까?
학생이 수업 시간에 졸고 있다.	큰소리로 깨운다.	O, X
아침에 늦게 일어난다.	알람 시계를 맞춰 둔다.	O, X
밤늦게까지 스마트폰을 한다.	10시 이후에는 스마트폰을 끄기로 다짐한다.	O, X
학교 과제가 너무 많다.	선생님께 과제를 줄여 달라고 부탁드린다.	O, X
수면 부족으로 몸이 피곤하다.	충분히 잠을 잔다.	O, X

***같은 문제가 다시 반복될 수 있다면 드러난 현상은 진짜 문제가 아닐 수 있습니다.

2 문제라고 생각한 일이 '왜' 생겼는지 다양한 이유를 떠올려 보고, 그중 가장 정확한 것을 선택하며 질문을 이어 가는 연습을 해 봅시다.

예시 문제: 학생이 수업 시간에 졸고 있다.

왜 그럴까?					왜 그럴까?
어젯밤에 늦게 자서	원래 잠이 많아서	수업 시간마다 자는 습관이 있어서	선생님 목소리를 들으면 잠이 와서	몸이 아파서	

왜 그럴까?					왜 그럴까?
스마트폰을 하다	학교·학원 숙제가 많아서	밤에 잠이 안 와서	과외가 늦게 끝나서	친구 만나서 놀다가	

왜 그럴까?				왜 그럴까?
체험 학습 기간 숙제로 대체해서	숙제가 밀려서	여러 학원을 다녀서	숙제를 많이 내주는 학원에 다녀서	

왜 그럴까?					왜 그럴까?
집에서는 공부를 안 하니까	집에 있으면 부모님 훈계를 들어야 하니까	친구랑 같이 다니려고	좋은 성적을 받고 싶어서	성적 나쁜 과목이 많아서	

왜 그럴까?					왜 그럴까?
다른 학교에서 전학을 와서	수업 시간에 집중을 안 하니까	공부가 재미가 없어서	스스로 공부하는 방법을 몰라서	머리가 나빠서	

***근본 원인 즉 진짜 문제를 찾았나요? 그럼, 해결 방법도 다양하게 생각해서 선택하고 실행 계획을 세워 보세요.

1 우리 팀이 찾은 문제의 근본 원인을 찾아 봅시다.

1) 우리 팀이 찾은 문제를 다시 한번 간단하게 정리하세요.

2) 5Whys 방법으로 진짜 문제를 찾아보세요.

단계	질문	답변
1차 Why		
2차 Why		
3차 Why		
4차 Why		
5차 Why		

3) 우리 팀이 해결할 진짜 문제를 정리하세요

예시

단계	질문	답변
1차 Why	왜 학생들이 지각할까?	아침에 늦게 일어나서
2차 Why	왜 늦게 일어날까?	밤늦게까지 스마트폰하느라
3차 Why	왜 늦게까지 스마트폰을 할까?	스트레스를 스마트폰으로 풀어서
4차 Why	왜 스트레스를 스마트폰으로 풀까?	스트레스 해소 방법이 그것뿐이라서
5차 Why	왜 스트레스 해소 방법이 그것뿐일까?	스트레스 대처를 위한 자기 관리 능력이 부족해서

① 앞에서 찾은 진짜 문제를 다음과 같이 짧고 명확한 문장으로 정의해 봅시다.

"우리의 진짜 문제는 [페르소나:　　　　　　　　　　]이/가

　[원인:　　　　　　　　　　　　　　　　　　　　　]이다.

　왜냐하면 [결과:　　　　　　　　　　　　　　　　]이/가 발생하기 때문이다."

> **예시**
> 우리의 진짜 문제는 김지각의 시간 관리 능력 부족이다. 왜냐하면 수면 시간을 조절하지 못해 지각하게 되기 때문이다.

② 우리 팀이 정의한 문제를 다음과 같이 질문형으로 바꾸어 봅시다.

"어떻게 하면 [페르소나:　　　　　　　　　　　　]을/를

　[페르소나의 긍정적인 행동이나 변화:　　　　　　]할 수 있도록 도울 수 있을까?

> **예시**
> "어떻게 하면 김지각이 수면 시간을 스스로 조절하여 지각하지 않도록 할 수 있을까?"

> 문제를 정의하는 것만으로 문제를 해결할 수는 없습니다. 질문형으로 바꾸면
> "우리가 어떻게 해결할 수 있을까?"를 자동으로 생각하게 됩니다.

■ **질문형 문제 정의의 3가지 장점**

해결 가능성 — 해결 방법을 자연스럽게 생각하게 함.
긍정적, 창의적 사고 — 문제를 개선 가능한 방향으로 바라보게 함.
구체적이고 명확한 문제 인식 — 대상, 행동, 결과를 분명히 설정하게 함.

5Whys 기법

진짜 문제란?

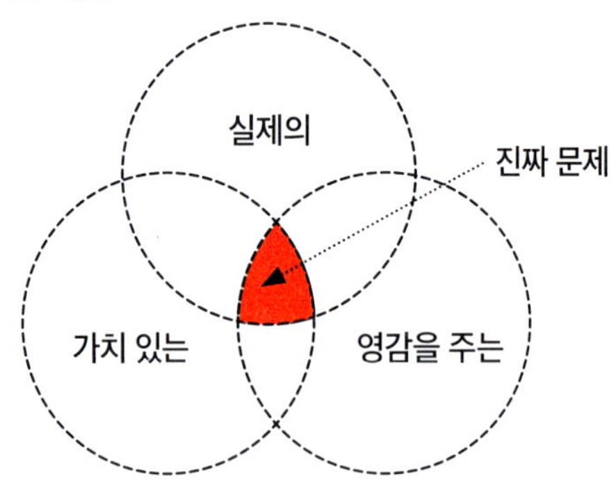

> **그 사람에게 가치 있고, 실질적인 문제는?**
>
> - 진짜 해결이 필요한 문제인가?
>
> - 많은 가치 창출이 가능한가?
>
> - 나에게 영감이나 자극을 주는가?

5Whys 란?

5Whys 기법은 문제를 더 깊이 이해하기 위해 "왜?"라는 질문을 다섯 번 이상 반복하며 문제의 "근본 원인(Root Cause)"에 도달하는 사고 방법입니다.

이 방법은 겉으로 드러난 문제가 아니라 그 문제를 일으킨 "진짜 문제"를 찾는 데 도움을 줍니다. 또 질문과 답변 과정에서 문제 해결에 필요한 정보를 수집하여 분석할 수 있기 때문에 문제를 해결하기 위한 효과적인 해결책을 이끌어내는 데도 도움을 줍니다.

5Whys 기법은 토요타 산업의 창립자 도요다 사키치가 1930년대 생산 현장에서 개발한 것으로 알려져 있습니다. 이후 오노 다이이치가 토요타 생산 방식(TPS, Toyota Production System)의 핵심 원칙으로 체계화했습니다.

5Whys로 문제를 해결한 가장 대표적이고 최초인 사례로 자주 언급되는 것은 전력 퓨즈 문제입니다.

한 기계가 자주 멈추는 현상이 발생		
단계	**질문**	**답변**
1차 Why	왜 기계가 멈추는가?	퓨즈가 끊어졌다.
2차 Why	왜 퓨즈가 끊어졌는가?	베어링에 윤활유가 부족해 과부하가 걸렸다.
3차 Why	왜 윤활유가 부족했는가?	윤활 시스템이 막혔다.
4차 Why	왜 윤활 시스템이 막혔는가?	금속 조각이 들어갔다.
5차 Why	왜 금속 조각이 들어갔는가?	필터가 닳았는데 교체하지 않았다.

이처럼 반복적인 "왜?" 라는 질문을 통해 근본 원인(필터를 교체하지 않음.)을 파악하였습니다. 그러므로 진짜 해결해야 할 문제는 '필터 교체' 문제인 것입니다.

진짜 문제를 찾는 또 다른 방법

인터뷰 & 관찰 기반 문제 분석

실제 사용자를 인터뷰하거나 현장에서 직접 관찰하여 문제의 본질을 파악하는 방법입니다. 겉으로 드러나는 말이나 행동뿐만 아니라 표현하지 않은 감정, 생각, 배경까지 살펴보며 표면적인 문제 너머의 "숨겨진 진짜 원인(Root Cause)"을 찾아내는 데 사용됩니다. 이 방법은 실제 사람의 경험을 통해 문제를 들여다보는 것이기 때문에 공감적이고 깊이 있게 문제를 이해할 수 있습니다.

> **예시** 상담하는 학생이 "그냥 귀찮아서 공부 안 해요."라고 말하지만 표정, 손동작, 말투 등을 분석해 보면 불안감, 완벽주의, 무력감이 숨어 있음을 알 수 있다. 진짜 문제는 "귀차니즘"이 아니라 "실패에 대한 두려움"이라고 보아야 한다.

공감 지도

"공감 지도(Empathy Map)"는 문제를 겪고 있는 사람(페르소나)의 감정, 생각, 말, 행동, 듣는 것, 보는 것 등을 시각적으로 정리하여 그 사람의 입장에서 문제를 더 깊이 이해하는 도구입니다. "외부에서 보는 것"이 아니라 "그 사람이 되어 보는 것"을 통해 문제 상황을 파악하는 것을 목표로 합니다. IDEO, 스탠포드 d.school, 서비스 디자인 분야에서 사람 중심 문제 해결(Human-Centered Design)을 위한 핵심 도구로 사용됩니다.

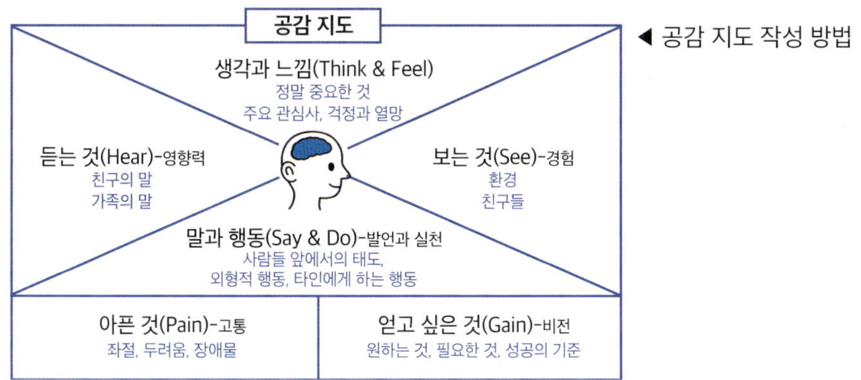

◀ 공감 지도 작성 방법

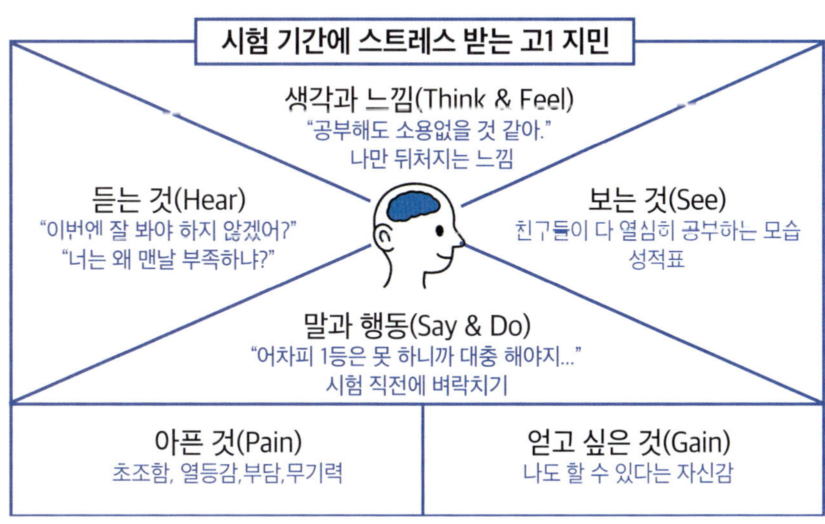

공감 지도 작성 사례 ▶

우리는 진짜 팀일까?

✔ 마음이 편하면

아이디어도 더 잘 떠오르고
활동에 더 자신 있게 참여할 수 있어요!

✔ 신뢰가 생기면

팀원끼리 더 잘 도와주고
실수해도 서로를 응원하게 돼요!

✔ 같은 목적을 갖고 있으면

책임감이 커지고
활동 방향이 흔들리지 않아요!

진짜 팀을 만들기 위해 중요한 **3** 가지!!

1	2	3
편안하게 말할 수 있는 팀 (심리적 안전감)	솔직할 수 있고 도와줄 수 있는 팀 (신뢰)	같은 목적을 공유하는 팀 (공동의 목적)

'진짜 팀'이 되기 위한 3가지 조건을 떠올리며, 우리 팀의 상황을 생각해 봅시다.

잘 되고 있는 점은 계속 유지하고, 아쉬운 점을 보완하여 '진짜 팀'으로 프로젝트를 진행합시다.

1 다음 항목을 천천히 읽고, 우리 팀의 상황을 생각해 봅시다.

항목	그렇다	그런 편이다	아니다
1. 우리 팀은 지금까지 역할 분담이 잘 지켜지고 있다.	○	△	✕
2. 팀원 모두가 맡은 일을 책임감 있게 수행하고 있다.	○	△	✕
3. 활동 중 의견을 자유롭게 나누고 있다.	○	△	✕
4. 어려움이 생겼을 때 서로 도와주려는 분위기가 있다.	○	△	✕
5. 팀장(또는 리더)의 진행 방식에 모두가 공감하고 있다.	○	△	✕
6. 우리 팀은 활동 목표와 방향을 명확하게 기억하고 있다.	○	△	✕
7. 지금까지의 진행 속도와 결과물에 만족한다.	○	△	✕

2 본격적인 활동에 들어가기 전에 팀원들과 우리 팀에 대해 다음 항목을 이야기해 봅시다.

항목	
지금까지 잘해 온 점은 무엇인가?	
조금 더 보완하거나 바꾸고 싶은 점은 무엇인가?	
역할이나 소통 방식에서 조정할 부분은 무엇인기?	

3 팀에 대한 평가를 토대로, 프로젝트 성공을 위해 팀에서 실천할 항목을 정리해 봅시다.

우리 팀이 더 잘 협력하기 위해 지금부터 실천할 한 가지는?

____ 이다.

생각을 비틀면 세상이 달라진다!

활동 미션 ● 트리즈 기법으로 창의적인 문제 해결 아이디어를 발굴한다.

수업 흐름

STEP 1 — 15분
트리즈 기법을 적용한 사례 탐색하기

STEP 2 — 20분
트리즈 기법을 적용하여 아이디어 떠올리기

STEP 3 — 10분
갤러리 워크를 활용하여 아이디어 정교화하기

트리즈, 발명품에서 발견한 창의적 해결 방법

아이폰은 한 손에 쏙 들어오는 크기라서 조금 더 가볍지만 화면 크기는 다른 휴대폰보다 크고, 카메라 화질도 최고 수준으로 향상한 제품을 내놓아 여전히 사랑받는 제품입니다. 아이폰이 크기와 성능의 모순을 해결하는 데 활용한 방법이라고 알려진 트리즈(TRIZ)는 러시아의 과학자 겐리흐 아트슐러가 우수한 특허와 기술 혁신 사례들을 분석하다가 발견한 창의적인 문제 해결 방법(Teoriya Resheniya Isobretatelskih Zadach)입니다. 먼저, 문제가 되는 모순을 해결하여 이루고 싶은 목표를 확인합니다. 그리고 목적 달성에 방해가 되는 조건들을 정리하여 40가지 원리를 활용해 최대한 많은 해결안을 만들어 보고, 각 해결안의 장단점을 비교 분석하여 최종 해답을 설정해 가는 과정입니다.

■ **트리즈의 핵심 원리를 알아 봅시다.**

- **모순 해결**: 문제의 근본적인 모순과 타협하지 않고 해결하는 것이 진정한 혁신의 출발점이다.
- **패턴 활용**: 기술 발전은 예측 가능한 패턴을 따르며, 이를 이해하면 새로운 해결책을 쉽게 찾을 수 있다.
- **이상성 추구**: 문제를 해결하여 바람직한 상태인 "이상적 결과"를 이루는 것을 목표로 한다.

*** 이 외에도 사용 가능한 자원을 최대한 활용하여 비용과 시간을 절감한다는 원리(자원 최대 활용)를 추가할 수 있다.

❓ 우리 팀이 문제를 해결하여 이루고자 하는 "이상적 결과"는 무엇인가요?

❓ 우리 팀이 해결하고자 하는 문제가 가진 모순은 무엇인가요?

 **문제 해결 방법 탐색하기-트리즈 기법**

⏳ 15분

◎ 트리즈 기법으로 우리 팀이 가진 문제를 해결할 수 있는 다양한 방법을 생각해 봅시다.

1 다음은 대표적인 트리즈 기법과 발명품의 사례입니다. 동영상을 참고하여 빈칸을 채워 봅시다.

	기법	내용	발명품
1	분할	공간, 시간 등을 분리하기	쉐어하우스, DIY조립식 가구, ( )
2	추출	방해 또는 필요 부분 추출하기	티백, 콘택트렌즈
3	국소적 품질	아이템의 부분을 다르게 하기	버스 전용 차선, 항공기 비즈니스석
4	비대칭	대칭성을 비대칭으로 전환하기	오른쪽 추가 고무장갑, 2인용 비대칭 우산
5	포개기	물체 안에 물체를 넣거나 쌓기	코펠, ( )
6	반대로	기존 사용의 방향 전환하기	반대로 접히는 우산, 카카오 택시
7	차원 변경	아이템이나 소비자의 시선을 바꾸기	4D로 제품 보기 서비스, QR 결제
8	스스로	사람이 할 일을 스스로 대신하기	( ), QR 검표기

출처: 서울경제진흥원의 자료를 재구성함.

2 트리즈의 분할 원리의 네 가지 방법과 사례를 참고하여, 각각의 항목에 해당하는 예를 찾아 봅시다.

시간에 의한 분리	공간에 의한 분리	부분·전체에 의한 분리	조건에 의한 분리
① 런치 메뉴 ② 신호등 ③ 야시장	① 장애인 전용 주차 구역 ② 지하철 약냉방칸 ③ 금연 구역	① 게임 부분 유료화 ② 누진 다초점 렌즈 ③ 동영상	① 공동 구매 가격 ② 변색 렌즈 ③ 임금 피크제
또 다른 사례	또 다른 사례	또 다른 사례	또 다른 사례

◎ 트리즈의 분할 원리를 활용하여 우리 팀의 문제 해결 방법을 찾아 봅시다.

1 우리 팀이 해결하고 싶은 문제와 그 문제의 모순을 정리해 봅시다.

해결하고 싶은 문제	
문제의 모순	

2 우리 팀의 문제를 "분할"의 4가지 방법으로 해결해 봅시다.

- 15분간 최대한 많은 아이디어를 생각해 봅시다. (한 사람이 분할 방법별 5개 이상)
- 아이디어를 포스트잇에 적어 해당 방법칸에 붙이세요.

시간 분리	공간 분리
부분·전체 분리	**조건 분리**

STEP 3 · 문제 해결 아이디어 공유하고 피드백하기

10분

◎ 다양한 아이디어 중 우리 팀의 문제 해결 방법을 선택하여 정리해 봅시다.

1 STEP 2 에서 각자 적은 아이디어를 공유하고 회의를 통해 효과적인 아이디어를 선택해 봅시다.

- 포스트잇에 적은 아이디어를 팀원들과 공유하고 방법별로 아이디어의 우선 순위를 정해 본다.
- 토의를 통해 방법별로 가장 효과적인 아이디어를 선택하여 아이디어를 통합해 본다.
- 아이디어 선택과 통합 과정을 통해 컨셉을 수립한다.

우리 팀 주제:

시간 분리	공간 분리
부분·전체 분리	**조건 분리**

우리 팀의 문제 해결 방법:

2 갤러리 워크를 활용해서 다른 팀과 피드백을 주고받으며 아이디어를 다듬어 봅시다.

- 다른 팀의 피드백 의견을 검토한다.
- 팀원들의 의견을 통합하여 피드백 의견을 반영할지 결정한다.

다른 팀의 의견	
우리 팀의 결정	

트리즈(TRIZ)-창의적 문제 해결을 위한 이론

트리즈는 주어진 문제에 대해 가장 이상적인 결과를 정의하고, 방해가 되는 근원적 모순을 찾아낸 후, 그 모순을 극복할 수 있는 해결안을 이끌어내는 사고 방법입니다. 해외 기업(GE, 마크로소프트, 포드) 및 국내 기업(삼성, LG, 포스코)에서는 기술 분야에 트리즈를 활용하여 문제를 해결하여 발명품을 만들어 내고 있습니다. 최근에는 경영, 서비스, 교육, 전략, 디자인 분야 등에서도 트리즈 원리를 적용하여 창의적 제품들을 출시하고 있습니다.

트리즈의 아이디어 생성 과정

| 사물이나 대상을 선정하여 해결하고 싶은 문제를 선정함.(사용자의 입장에서 문제 선정) | → | 해결하고자 하는 대상의 문제에 트리즈 원리를 적용함. | → | 대상에 적용한 원리를 그림으로 표현하고 발명 원리와 예상 장단점을 적어 봄. | → | 아이디어 평가 검토 후 추가 의견을 반영함. |

트리즈의 40가지 발명 원리

분할	추출	국소적 품질	비대칭	통합	다용도	포개기	균형추	사전 대응 조치	선행 조치
사전 예방 조치	높이 맞추기	반대로 하기	구형화	역동성	과부족 조치	차원 바꾸기	기계적 진동	추가적 조치	유용한 조치 지속
고속 처리	해로움을 이로움으로	피드백	매개체	셀프서비스	복제	일회용으로 처리	기계시스템 대체	공기나 유압 활용	유연한 막
다공성 물질 (여백)	색상 변화	동질성	폐기 및 재생	속성 변화	상 전이(물질 상태 변화)	열 팽창	활성화	비활성화	복합 재료

트리즈 '분할' 원리-쉽고 빠르게 트리즈 적용하기

트리즈의 첫 번째 방법이 분할인데, 이것은 트리즈의 40가지 원리 중에 가장 먼저 등장하는 원리입니다. 분할은 하나를 여러 개로 작게 쪼개어 본다는 의미로, 독립적인 하위 시스템으로 나누기, 조립이나 분해하기 쉽게 만들어 주기, 분할의 정도를 높여 주는 방법 등이 있습니다. '시간', '공간', '부분·전체', '조건' 등의 4가지 방법으로 빠르게 아이디어를 도출하는 방법을 퀵트리즈라고 부르기도 합니다.

'분할' 원리의 활용

독립적인 하위 시스템으로 나눈다.	조립이나 분해하기 쉽게 만들어 준다.	분할의 정도를 높여 준다.
비행기 엔진	퍼즐매트	초콜릿
비행기 엔진을 하나로 만들지 않고 4개로 나누어 장착하면 비행기의 무게 중심을 잡는 데도 도움이 되고 1개의 엔진이 고장나더라도 다른 엔진이 보완을 할 수 있는 장점이 생긴다.	일정한 크기로 분해하여 필요한 공간에 맞춰 조립할 수 있다. 여러 모양으로 조립을 할 수도 있으며, 다른 공간에서 사용하고자 할 때에도 쉽게 분해하여 들고 갈 수 있어서 편리하다.	큰 덩어리의 초콜릿을 여러 개의 작은 조각으로 나눔으로써 빨리 먹지 못해 녹는 불편을 해소할 수 있다. 좀더 작게 나누면 (나누기의 정도를 높이면) 소비자가 먹는 양의 정도를 선택할 수 있다는 장점이 생긴다.

'분할'의 4 가지 방법과 적용 사례

시간에 의한 분리	공간에 의한 분리	부분·전체에 의한 분리	조건에 의한 분리
런치 메뉴	지하철 약냉방칸	게임 부분 유료화	현관 센서등
점심시간의 메뉴를 따로 분리하여 해당 시간에 수요가 높은 메뉴를 선정하거나 가격의 변화를 주어 소비자를 증가시킨다.	사람마다 더위에 민감한 정도가 다르기 때문에 지하철 칸 별로 냉방의 세기를 다르게 분리하여 이용자에게 편의를 준다.	게임의 몰입도가 다른 사람들의 특성을 활용해 모든 사람에게 유료를 적용하는 것이 아닌 분리를 통해 차별적으로 유료화한다.	현관에 등이 계속 켜져 있지 않고, 사람들의 움직임을 감지한 조건일 때에만 등이 켜지게 분리하여 에너지 효율을 높인다.

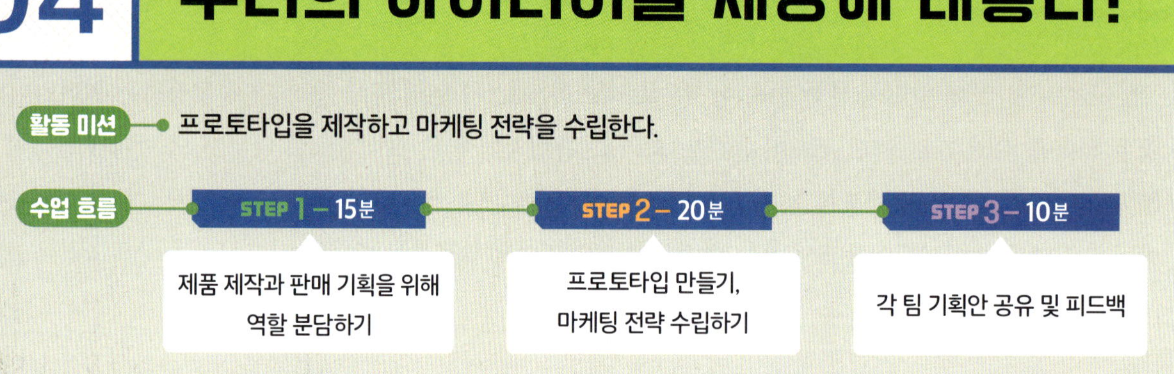

최소기능제품(MVP)을 통한 아이디어 검증

MVP는 "Minimum Viable Product"의 약자로, 최소 기능을 갖춘 제품을 의미합니다.

2007년 Dropbox는 초기 단계에서 사용자들에게 파일 저장 및 동기화를 간단히 제공하는 MVP를 출시했습니다. 간단한 데모 비디오를 만들어 사용자들의 관심을 끌었고 사전 등록자가 하루만에 7만 명을 넘었습니다. 이 MVP는 기존 클라우드 저장소 서비스와 비교할 때 사용자가 기능을 알기 쉽게 하였고 접속하기 쉬운 인터페이스를 제공했습니다. 사용자들

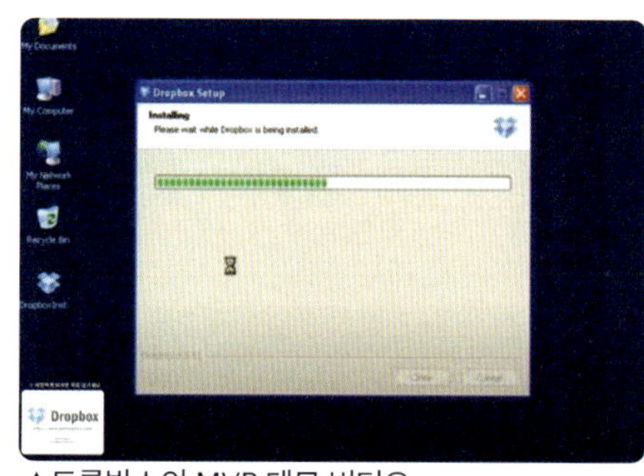

▲ 드롭박스의 MVP 데모 비디오

은 별도의 설정 없이 자동으로 파일을 동기화하고, 언제 어디서나 파일에 접근할 수 있었습니다.

초기 버전은 파일 동기화, 간단한 드래그 앤 드롭 기능, 그리고 웹 인터페이스가 핵심 기능이었습니다. Dropbox의 MVP는 기술적으로 매우 간단했지만, 이를 통해 회사는 실제 사용자들의 피드백을 받을 수 있었고 점차적으로 제품을 개선해 나갔습니다.

Dropbox는 이를 통해 점진적으로 제품을 발전시켜 현재의 대형 클라우드 스토리지 서비스로 성장했습니다.

■ MVP의 기능과 요건

- **핵심 기능**: 복잡한 기능을 추가하기 전에 핵심 기능에 대한 시장 반응을 본다.
- **소비자 반응 반영**: 지속적이고 빠른 피드백을 통해 제품을 보완해 완성도를 높인다.
- → 최소한의 노력과 비용으로 시장의 반응을 검증할 수 있음.

❓ 우리 팀이 선택한 아이디어의 핵심은 무엇인가요?

◎ 우리 팀의 문제 해결 방법에 따라 제품을 만들고 마케팅 전략을 세워 봅시다.

① DISC를 통해 팀 구성원의 특성을 알아봅시다.

② 팀원의 특성에 따라 역할을 나누어 준비합시다.

팀원	DISC 특성	역할
우리 팀 규칙		

STEP 2 기획안/프로토타입 앱/마케팅 전략 마련하기

◎ 팀에서 정한 역할에 따라 각자 할 일을 확인하고 진행해 봅시다.

1 팀에서 정한 역할을 확인해 봅시다.

팀	기획안 팀	프로토타입 팀	마케팅 홍보물 팀
팀원			
할 일	우리 팀 아이디어의 창출 과정(발견한 문제, 정의한 문제, 해결 방법), 우리 팀이 추구하는 가치와 우리 팀 아이디어가 사회에 미칠 기대 효과 등을 구체적이고 매력적으로 제시한다.	제품 개발 초기에는 프로토타입 MVP를 제작하여 아이디어를 검증한다. UI 디자인 툴 피그마(figma)를 통해 프로토타입 앱을 구성하여 아이디어의 가장 핵심적인 내용을 표현한다.	우리 아이디어 홍보에 가장 효과적인 마케팅 소통 창구와 플랫폼이 무엇인지 분석하여 선택한다. 피그마를 활용하여 플랫폼에 맞는 마케팅 홍보물을 디자인하고 앱을 제작한다.

2 맡은 역할에 따라 활동 내용을 정리해 봅시다.

기획안 팀	우리 팀이 추구하는 가치	
	우리 팀이 발견한 문제	
	우리 팀의 해결 방법	
	우리 팀 아이디어가 세상에 미칠 영향	
프로토타입 팀	핵심 기능 및 표현 방법	
	피그마 UI 디자인 탐색	
	피그마 UI 연결	
마케팅 홍보물 팀	팀 컬러 선택	
	팀 캐치프레이즈 개발	
	캔바에서 샘플 탐색	
	팀 홍보물 제작	

- 프로토타입 팀이 선택한 UI 디자인 파일에 각 팀의 내용을 업로드하세요.

◎ 팀별로 UI 디자인을 통해 제작한 앱을 제시하고 팀의 기획안과 프로토타입, 마케팅 홍보물을 발표해 봅시다.

◉ 발표를 통해 다른 팀과 서로 피드백하며, 우리 팀의 아이디어를 수정 · 보완해 봅시다.

앱 CI	기획안
수정 사항:	수정 사항:
프로토타입	**마케팅 홍보물**
수정 사항:	수정 사항:

■ 평가와 피드백을 할 때 고려할 점

평가 항목	배점				
기획안에 제시된 발견 문제가 공감되는 내용인가?	10	8	6	4	2
문제 해결 아이디어가 창의적이고 실현 가능한가?	10	8	6	4	2
아이템이 사회에 긍정적인 영향을 미칠 수 있는가?	10	8	6	4	2
앱의 CI가 아이템을 잘 표현하였는가?	10	8	6	4	2
앱의 전반적인 디자인이 한눈에 보이는가?	10	8	6	4	2
앱의 구성이 자연스럽고 앱이 올바르게 작동하는가?	10	8	6	4	2
홍보물을 통해 아이템을 잘 이해할 수 있는가?	10	8	6	4	2
홍보물의 전반적 분위기가 아이템과 어울리는가?	10	8	6	4	2
홍보물의 내용이 소비자의 흥미를 끌 만한가?	10	8	6	4	2
팀의 발표가 자연스럽고 전달이 잘 되었는가?	10	8	6	4	2
총점	________ / 100				

MVP와 린스타트업

스타트업을 시작하려면 린스타트업!

실현하고 싶은 아이디어를 지속적이고 빠른 피드백을 통해 보완하여 사업 아이템의 완성도를 높이는 과정을 린스타트업이라고 합니다. 린스타트업의 프로세스는 제품을 만들고, 성과를 측정하고, 배운 것을 적용하여 개선하는 것입니다.

우버 택시는 샌프란시스코 지역에서 자신들의 사업 아이템을 적용해 보았고, 지역 사용자들에게 피드백을 받아 부족한 기능들을 개선해 나갔습니다. 그 이후 다른 지역으로 사업 영역을 확장하면서 지역에 맞는 기능들을 지속적으로 개선하여 아이템의 완성도와 소비자 만족도를 향상시켜 미국 전역은 물론 전 세계적인 기업으로 성장하였습니다.

린스타트업의 핵심, MVP

MVP는 린스타트업 원리에서 가장 중요한 핵심 개념입니다. MVP는 최소한의 노력과 비용으로 시장의 반응을 검증할 수 있는 수단으로, MVP를 통해 불필요한 자원 낭비를 막고 빠르게 시장에 진입하여 경쟁 우위를 확보할 수 있다는 장점이 있습니다. 최소한의 기능을 가진 MVP가 제작되고 나면 이를 통해 소비자의 피드백을 최대한 수집하고 수집된 데이터를 사업 아이템에 적용하고 수정 보완해야 합니다.

에어비엔비의 경우 창업의 과정에서 실제 숙박 호스트의 집에 방문하여 사진 촬영을 하고 운영 정보를 수집하였을 뿐만 아니라 게스트 경험에서 나온 운영자와 숙소에 대한 의견을 지속적으로 수집하였습니다. 이렇게 수집된 데이터를 반영하여 에어비엔비 운영자 및 소비자에게 편의를 제공하였습니다.

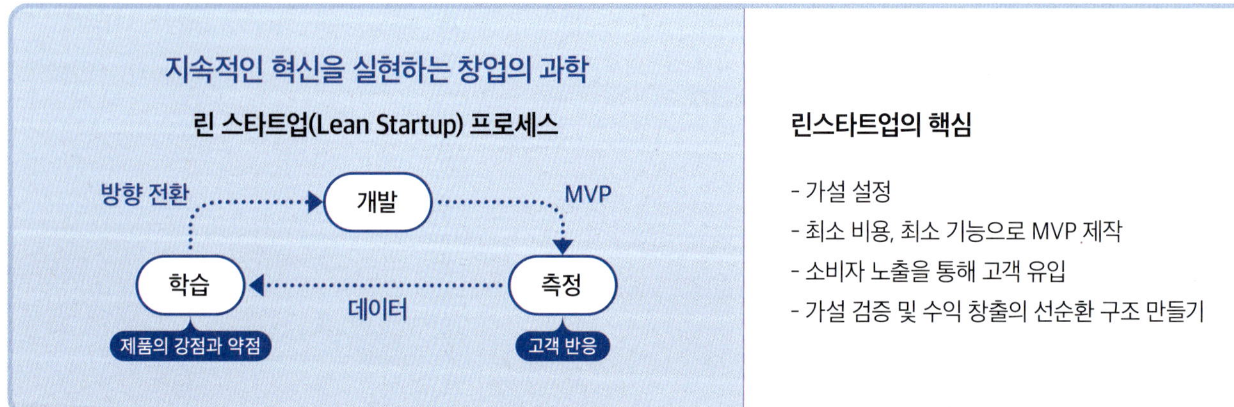

린스타트업은 사업의 핵심 가치를 제공하는 MVP 제품을 통해 사업의 확장 가능성을 확인할 수 있습니다. 이 과정을 거쳐 사용자 반응을 제품에 반영하여 성장의 발판으로 삼을 수 있습니다. 이러한 기능과 장점으로 볼 때 MVP는 기업이 자신의 가설을 확인하는 간단한 과정이고, 충분한 가치가 있는 실험입니다.

마케팅의 핵심-브랜드 네이밍과 광고

마케팅의 핵심 중 하나가 브랜드 네이밍입니다. 네이밍 덕분에 제품이 더 잘 알려지고 예상치 못한 판매량을 기록할 수도 있습니다.

감성을 더한 생활용품 기업인 오롤리데이의 창업자 박신후 대표는 '행복을 파는 브랜드 오롤리데이'라는 책에서 스타트업이 시작하기 위해 중요한 요소로 네이밍에 대해 이야기하였습니다. 네이밍을 할 때에는 많은 사람들이 기억할 수 있고, 나만 쓸 수 있고, 우리 기업의 전달 메시지가 느껴져야 한다고 하였습니다. 그러면서도 소비자들에게 쉽게 불릴 수 있는 네이밍이 중요하다고 강조하였습니다.

네이밍이 잘 되었을 때 우리 아이템과 제품이 잘 인식될 수 있고, 우리가 추구하고자 하는 가치가 잘 전달되어 소비자의 구매 욕구와 의지를 불러일으킬 수 있습니다. 오리온 초코파이의 경우 상품권 분쟁이 생기자 이름을 '초코파이 情'으로 바꾸고 초코파이를 나누는 모습을 정(情)을 나눈다는 의미의 광고로 제작하여 소비자들에 강한 인상을 주었습니다. '초코파이 情 = 이웃이나 가족을 위하는 마음'이라는 의미로 만들었습니다. 말로 하기 어려울 때도 마음을 전할 수 있다는 기대감을 주는 광고와 네이밍이었습니다. 지금 떠오르는 상표나 제품이 있나요? 어떤 부분이 인상 깊어서 바로 떠오르는 것일까요?

과거 "무한도전"이라는 예능 프로그램의 '면접의 신' 편에서 무한도전 출연자들이 한 제과 회사에서 모의 면접을 하는 상황을 보여 주었습니다. 제품의 특징을 잘 보여 주면서 소비자가 쉽게 인식하고 필요할 때 잘 떠올릴 수 있는 방법을 고민하여 네이밍한 출연자가 좋은 평가를 받았습니다. 이 과정은 예능 프로그램이지만 마케팅의 중요 요소인 네이밍 방법을 잘 보여 주었습니다.

* 다음 "무한도전 - 면접의 신" 편(영상 시청 18:20~20:30)에서 출연자들이 제과 회사 면접에서 제품을 네이밍하는 과정과 평가 요소를 확인해 보세요. 이를 참고하여 우리 팀의 제품을 돋보이게 할 번득이는 네이밍 아이디어를 생각해 봅시다.

05 아이디어, 가치를 증명하라!

활동 미션 ● 모의 투자 설명회를 통해 프로젝트를 평가한다.

수업 흐름

STEP 1 – 10분	STEP 2 – 20분	STEP 3 – 15분
역할별 발표 준비 및 안내	전체 팀 발표 및 모의 투자 진행	모의 투자 결과 분석 및 피드백 공유

아이디어를 펼칠 기회를 잡는 투자 설명회

충분히 가치 있는 아이디어를 시작도 못해 본다면 이것은 개인과 사회에 안타까운 일입니다. 아이템은 있지만 자본이 없을 때, 누군가 아이디어의 가치와 가능성을 보고 투자를 하는 것은 스타트업의 경우 특히 절실하게 필요한 일입니다. 투자자를 효과적으로 설득할 수 있는 설명회, 어떻게 할 수 있을까요?

▲ 광운대 NCI 창업 패키지 사업단, 'TEN Minute IR' 경진대회

■ 효과적인 발표의 3요소

① 명확한 구조 – 문제 → 해결 아이디어 → 기대 효과

② 공감과 흥미 – '왜 이게 중요한가?'에 대한 공감을 이끌어내기

③ 전달력 – 상황에 맞는 목소리, 시선, 표정, 말투, 속도로 정확하게 전달하기

■ 발표 방법과 특징

명칭	방법	특징
엘리베이터 피치	엘리베이터를 타고 있는 짧은 시간(30초~1분) 안에 핵심 아이디어를 설득력 있게 전달함.	짧고 강렬한 임팩트가 필요함.
피치덱 발표	스타트업 발표 형식으로 구성: 문제 - 해결 - 시장 - 수익 모델 등	실전 창업 느낌을 줄 수 있음.
인포머셜 (Infomercial)	홈쇼핑 형식으로 아이디어를 설명하며 직접 판매하듯이 말함.	유쾌하고 설득력 높은 발표가 가능함.
뉴스 인터뷰 형식	한 명은 기자, 한 명은 인터뷰이 역할을 하며 아이디어를 소개함.	대화형 진행으로 긴장을 완화함.

? 우리 팀의 발표 전략은?

□ 엘리베이터 피치　　□ 피치덱 발표　　□ 인포머셜　　□ 뉴스 인터뷰 형식

성공적인 투자 설명회를 위한 준비

10분

◎ 우리 팀 아이디어의 가치를 효과적으로 알릴 수 있는 발표를 준비합시다.

1 우리 팀의 발표에 활용할 자료의 핵심을 정리해 봅시다.

구분	프로젝트 결과
제품/서비스명	
제품/서비스 소개 (어떤 문제를 해결했나? 기능 2~3가지)	
제품/서비스 슬로건	
프로모션	
가격	

프로토타입(사진, 그림)	홍보물(포스터)

2 우리 팀의 발표 준비 상황을 확인해 봅시다.

우리 아이디어의 문제와 해결 방법이 명확하게 설명되었는가?	예 ☐	아니오 ☐
역할 분담은 잘 되었는가?	예 ☐	아니오 ☐
발표 연습을 충분히 했는가?	예 ☐	아니오 ☐
청중에게 호소할 핵심 내용을 효과적으로 표현했는가?	예 ☐	아니오 ☐

◎ 준비한 발표를 통해 아이디어의 가치와 가능성을 알려 봅시다.

1 각 팀의 기획안을 칠판에 붙이고, 순서를 정하여 각 팀별로 2분간 발표해 봅시다.

제품/서비스 명: 발표팀:	제품/서비스 명: 발표팀:	제품/서비스 명: 발표팀:

2 가치나 가능성이 있어 투자하고 싶은 프로젝트 기획안에 포스트잇을 붙여 봅시다.

- 포스트잇에 투자 금액, 투자한 이유나 응원 한마디를 덧붙여 적는다.

- 학급 전체 인원 참여하기. 단, 자신이 속한 팀에 투자 금지!

투자 희망자	
투자 금액	
투자 이유나 응원 한마디	

투자 희망자	
투자 금액	
투자 이유나 응원 한마디	

3 투자를 결정한 이유를 확인해 봅시다.

고려할 사항	상	중	하
해당 프로젝트 아이디어가 참신했는가?	☐	☐	☐
해당 프로젝트 문제 해결 방식이 현실적이었는가?	☐	☐	☐
해당 프로젝트 발표가 설득력 있었는가?	☐	☐	☐
해당 프로젝트의 아이디어를 나도 쓰고 싶다고 느꼈는가?	☐	☐	☐
해당 프로젝트가 사업성이 있다고 생각하는가?	☐	☐	☐

<table>
<tr><td>STEP 3</td><td>모의 투자 결과를 분석하고 피드백을 공유하기</td><td>
15분</td></tr>
</table>

1 모의 투자 결과를 확인합시다.

- 학급 전체 인원이 투자를 마쳤는지 확인한다.

- 각 모둠이 받은 투자 금액을 확인한다.

구분	1위	2위	3위
팀			
투자받은 금액			
이유			

2 우리 팀의 투자 설명회를 평가하고 개선 방안을 토의해 봅시다.

우리 팀의 순위 : ______________위   투자받은 금액: ______________원

잘한 점	아쉬운 점	개선 방법

크라우드 펀딩으로 아이디어를 펼친 사례

구분	와디즈	텀블벅
site	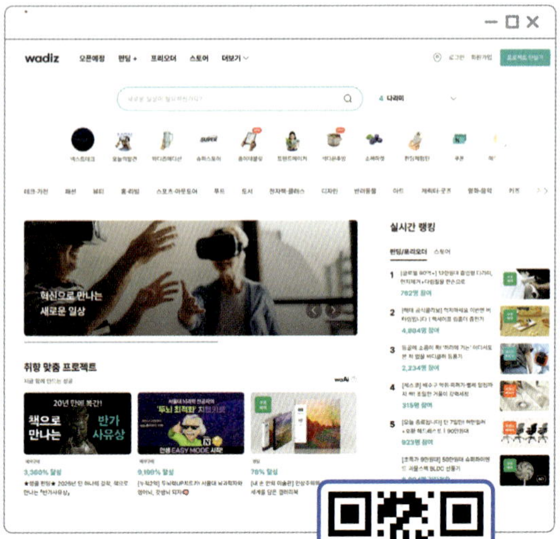	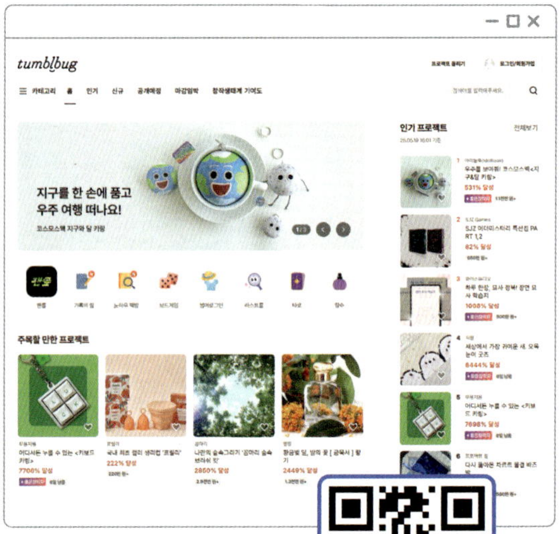
개요	• 스타트업이나 창작자가 자신의 아이디어, 제품, 서비스 등을 소개하고 대중으로부터 후원(=펀딩)을 받아 실제 출시하거나 사업화하는 플랫폼 • 주로 소비재(식품, 패션, IT 기기, 뷰티) 제품 중심	• 예술, 문화, 창작 중심의 크라우드 펀딩 플랫폼 • 일러스트, 출판, 음악, 게임, 전시 등 창작 활동 지원
대표 사례	**마이바틀 온도 조절 텀블러** • 온도를 스스로 조절해 주는 텀블러 아이디어 • 펀딩 금액 1억 원 이상 달성 • "이런 게 있었으면 좋겠다"는 생활 속 아이디어가 히트 **국내 최초 수면 코칭 향 스프레이** • 숙면에 도움을 주는 향기 제품 • '전문가의 도움 + 일상적 문제 해결' 아이템 **1인 가구 맞춤형 반찬 정기 배송** • 사회 문제(혼밥, 1인 가구) 해결과 연결됨.	**"조선의 좀비 실록" 그래픽노블** • 창작자가 '조선 시대+좀비'를 융합한 만화를 제작 • 목표 금액의 400% 이상 펀딩 성공 **독립 뮤지션의 LP 앨범 제작 프로젝트** • 대형 기획사 없이 팬들의 힘으로 앨범을 제작 **비건 쿠키 브랜드 '단지(Danzi)'** • 소수 취향을 존중하는 식품 브랜드 론칭

고등학생 아이디어 크라우드 펀딩 사례

프로젝트 소개	우리 **Ex3**은 '번쩍이는 3개월' 노트를 만들기 전, 학생들의 마음을 공감하기 위해 노력하였습니다. 학창 시절, 우리가 학교를 다니던 지역은 학구열이 높지도, 사교육이 많이 발달하지도 않아, 다른 지역과 비교하기에 많이 뒤처지는 지역이었습니다. 그렇기에 고등학교와 대입에 관련한 정보를 입수하기에도 힘든 환경이었습니다. 그럴 때 우리는 "한 번쯤 꺼내볼 수 있는 든든한 버팀목 같은 존재"가 있다면 좋겠다는 생각이 들었습니다. 그렇기에 우리는 '번쩍이는 3개월' 노트를 제작하여, 어느 지역에 살든, 어느 학교에 다니던 우리나라 학생이라면 누구든지 도움을 받을 수 있는 존재가 되고 싶습니다. 이러한 취지로 완성된 우리의 '번쩍이는 3개월' 노트를 보러 가 볼까요?
제품 특징	1. 고등학생이면 알아야 할 꿀팁 : 고등학교 진학 시 알아야 할 것 수록(고교학점제, 과목별 공부법, 수시와 정시 장단점 등) 2. 체계적인 학습 플래너: 먼슬리-위클리-데일리 순으로 체계적이고 꼼꼼한 계획 수립 가능 3. 친환경적인 노트 제작: 친환경 종이로 제품 제작
프로젝트 팀 소개	**Ex3**는 Eco-friendly (환경 친화적) , Equality (평등) , Education (교육) 의 약자로 환경 친화적인 평등한 교육이라는 뜻을 지니고 있습니다. 이에 우리는 '번쩍이는 3개월' 노트를 재생 종이로 제작하여 환경 친화적인 가치를 담았고, 초창기 기업 설립 시절 포부에 따라서 우리나라의 모든 학생들이 동등하고 질 높은 교육을 받을 수 있기를 바랍니다.

우리의 도전, 무엇을 남겼을까?

활동 미션 ● 나와 모둠의 성장을 성찰하고, 나의 진로 역량 포트폴리오를 작성한다.

수업 흐름

STEP 1 — 15분	STEP 2 — 15분	STEP 3 — 15분
자신의 역할 돌아보기, 진로 역량 포트폴리오 작성	팀별 활동 성찰 및 역할에 따른 기여도 평가	성장 경험 나누기, 프로젝트 마무리

우리가 성찰하는 이유는 단순히
반성을 하거나 실수를 찾기 위해서가 아니에요.
성찰은 "내가 이 경험에서 무엇을 얻었는가?"를
발견하는 과정이에요.
팀 성찰은 함께 했던 사람들에 대한 고마움과 협력의 가치를
돌아보게 해 주고, 자기 성찰은 나 자신이 어떻게 성장했는지
직접 느낄 수 있게 해 줘요.

■ **내가 생각하는 성찰의 의미를 고르고, 팀원들과 각자의 생각을 말해 봅시다.**

① 내가 어떤 사람인지 알아보는 것이다.

② 잘한 점과 아쉬운 점을 되돌아보는 것이다.

③ 다음에 더 잘하기 위해 꼭 필요한 과정이다.

④ 팀에서 내가 어떤 역할을 했는지 기록하는 것이다.

⑤ 기타(   )

■ **자신의 생각을 다음과 같은 형식으로 간략히 표현해 보세요.**

" 나는 성찰을 통해

____

_______________________________________ 하고 싶다."

1 우리 팀의 프로젝트에서 나는 역할 수행을 잘 했는지 자기 평가를 해 봅시다.

역할을 책임감 있게 수행했다.	예 ☐ 아니오 ☐
다른 팀원의 의견을 책임감있게 수행했다.	예 ☐ 아니오 ☐
팀내 갈등을 원만하게 해결하려 노력했다.	예 ☐ 아니오 ☐
발표나 제작에 주도적으로 참여했다.	예 ☐ 아니오 ☐
나의 생각을 자신있게 표현했다.	예 ☐ 아니오 ☐
총 기여도 짐수 (스스로 평가한 예의 개수)	__________ / 5

2 팀 내 역할과 자기 평가를 통해 개인 진로 역량 포트폴리오를 완성해 봅시다.

구분		내용
프로젝트 한 줄 소개		
이 프로젝트에서 내가 맡은 역할		내가 한 역할과, 내가 이 역할을 잘 해 낸 이유
이 프로젝트를 통해 내가 성장한 부분		☐ 문제 해결 ☐ 기획력 ☐ 소통 ☐ 협업 ☐ 발표력 ☐ 창의성 ☐ 책임감
		역량이 드러난 예:
우리 팀을 위해 내가 한 기여		나의 기여 (1가지 이상) 와 우리 팀에 미친 영향
이 프로젝트가 내 진로에 준 영향		프로젝트를 통해 새롭게 알게 된 나의 흥미, 더 탐색해 보고 싶은 진로나 분야
나의 진로 학업 계획	나의 꿈	
	교과 활동	
	비교과 활동	
	기타	

1 우리 팀의 프로젝트 수행 과정을 성찰해 봅시다.

프로젝트 이름:

프로젝트 활동 요약	우리 팀이 잘한 점은?
해결하고자 한 문제와 해결 방법은?	

우리 팀이 활동 중 겪은 어려움	우리 팀이 활동을 통해 배운 것 한 가지
어려움 내용과 해결 과정은?	

2 프로젝트 수행 과정에 기여한 구성원의 역할을 성찰하고 기여도를 평가해 봅시다.

역할	이름	기여도	이유

성장 경험을 나누고 프로젝트 마무리하기

15분

1 프로젝트를 통해 어떤 점에서 성장했는지 서로의 경험을 나누어 봅시다.

모둠원 이름	공감 가는 내용	공감도
		☆☆☆☆☆
		☆☆☆☆☆
		☆☆☆☆☆
		☆☆☆☆☆
		☆☆☆☆☆
		☆☆☆☆☆

2 우리 팀의 우수 부문과 MVP 팀원을 뽑아 봅시다.

- **STEP 2** 의 성찰 활동에서 우리 팀의 강점이 드러난 부문을 선정한다.
- MVP 기준(우수한 활동, 팀의 가치를 드러낸 활동 등)을 정하고 인물을 선정한다.

구분	나의 선택	팀의 결정
우리 팀의 우수 부문	☐ 아이디어　　☐ 실행력　　☐ 협업　　☐ 발표 ☐ 기타(　　　　　　　　　　)	
우리 팀 MVP		
MVP 선정 이유		

3 팀원들과 나에게 보내는 한줄 응원 메시지를 작성하고 활동을 마무리합시다.

팀원들에게	
나에게	

부록

차례

- 창업가정신을 통해 함양할 수 있는 능력   47
- 창업가정신을 실현한 젊은 창업가들   48
- 스타트업의 필수 과정 "시각적 실체화"   50
- 청소년용 성격 강점 검사   51

도전 정신과 위험성 감수

불확실성을 무릅쓰고 기회를 포착하고,
문제를 해결하려는 시도를 함.

예 커넥트○○
국내에서 사용하는 의약품에 관한 데이터가 부족하다는 점을
관찰하고, 이를 해결하기 위한 일(사업)을 시작함.

문제 정의

해결하고자 하는 문제를 명확히 정의함.

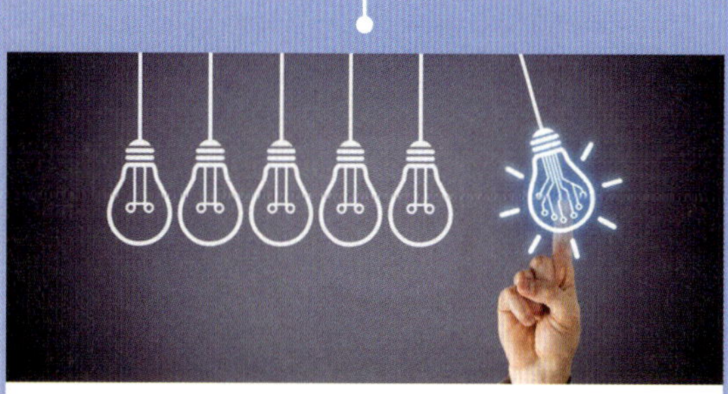

예 커넥트○○
사용자에게 필요한 의약품 정보(효능 및 효과, 부작용, 복약
정보 등)가 근거 있는 자료를 토대로 제공되어야 함.

분석적 사고와 창의적 사고

발생한 문제를 체계적으로 분석하고
창의적으로 해결함.

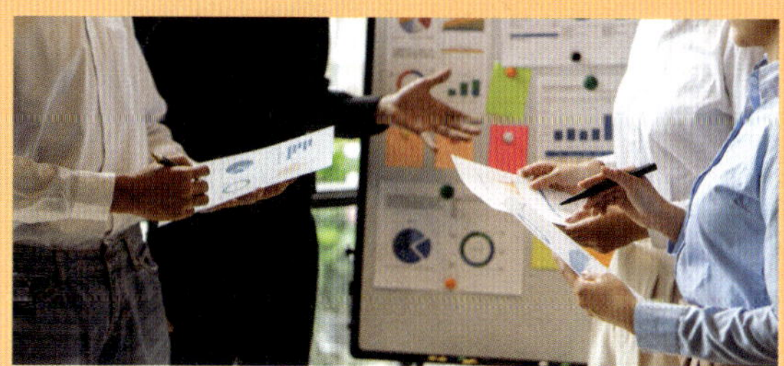

예 커넥트○○
약을 사용하는 국가 및 기관과 무관하게 정보를 확인할 수
있게 표준화된 의약품 데이터베이스를 계속 축적하고, 활용
방안을 개선하고 있음.

의사소통

문서 또는 말로써 자신의 의사를
효과적으로 전달함.

예 커넥트○○
서로 다른 업무를 맡고 있는 동료들과 의사소통을 잘 하면
서 제품을 개발하고, 투자 회사에 제품의 가능성을 알리고
설득함.

쓰레기로 환경을 구하자

스타스테크 양승찬 대표

양승찬 대표는 2017년 '국방 스타트업 챌린지'에서 '불가사리 제설제'란 아이디어로 수상하고, 전역 후 창업하여 실제 제품으로 만들어 냈다.

'불가사리 제설제'는 불가사리에서 추출한 뼛조각(다공성 구조체)을 제설제 원료로 활용하겠다는 아이디어에서 착안한 제품이다. 다공성(porous, 多孔性)은 고체의 표면이나 내부에 작은 공기구멍이 촘촘히 있는 구조를 말한다.

겨울철 필수품인 제설제는 주로 염화칼슘·염화나트륨 성분이어서, 사용 후에 자동차 부식이나 콘크리트(아스팔트) 파손, 가로수 고사 같은 문제가 생긴다. 반면에 불가사리에서 뽑아낸 다공성 구조체를 활용하면 부식 억제 효율을 높이고, 염화이온을 흡착하여 환경 피해를 최소화할 수 있다.

불가사리로 제설제를 만들 생각은 어떻게 하게 되었을까? 양 대표는 고등학교 때 불가사리에서 유래하는 다공성 구조체가 우수한 이온 흡착 경향성을 갖는다는 탐구를 한 경험이 있다. 고교 때 불가사리에 대한 탐구 학습이 창업 경진 대회 아이디어로, 나중엔 실제 사업으로 이어진 셈이다.

양 대표의 회사는 제설제를 만들기 위해 불가사리를 수거해 간다는 점에서 어촌의 골칫거리를 덜어 주었다. 친환경 제품도 만들고, 어촌의 골칫거리도 해소하고 일석이조이다.

이미지 출처: 스타스테크 홈페이지

의약품을 안전하게 사용할 수 있는 환경을 만들어요

원스글로벌 **박경하** 대표

박경하 대표는 병원 및 제약사에 의료 데이터를 제공하는 회사에 오래 근무하면서 한국 특성에 맞는 의약품 데이터가 턱없이 부족한 현실과 약품 정보 부족으로 발생하는 의료 사고에 회의감을 느꼈다. 2016년 박 대표는 '사용자들에게 필요한 정보를 편리하게 제공하자.'는 생각으로 창업하였고, 4년간의 의약품 데이터베이스(DB) 구축에는 전공인 문헌정보학과 의료 정보 업체 근무 경험이 큰 자산이 되었다.

웹이나 애플리케이션에서 원스글로벌의 커넥트○○에 약 이름을 입력하면 약의 성분, 복약 시 유의점 등을 확인할 수 있는데, 박 대표는 '약 성분·복용 정보를 손쉽게 알려 주는 서비스'가 약의 오남용을 줄일 것으로 기대하였다.

커넥트○○는 개인뿐 아니라 병원에서도 유용하다. 병원 내 중증 환자의 경우 환자 링거 팩에 넣는 약이 많게는 20가지가 넘는다. 의사가 약품명 등을 입력하는 병원 정보 시스템(HIS)과 연결되어, 동시 복용하면 안 되는 약물들일 경우에 실시간으로 경보가 떠서 사전 예방이 가능하다.

박 대표는 의약품은 국가나 제약사마다 약·성분 등을 다르게 표기하는 경우가 많아 "데이터를 표준화하여 축적·매핑(구조화)하는 알고리즘 설계 능력이 무엇보다 중요하다."며 "일반 의약품은 물론 병원에서 쓰는 주사제 등 모든 약을 데이터화한 서비스"를 만들고 싶다는 앞으로의 포부를 밝혔다.

이미지 출처: 원스글로벌 홈페이지

스타트업의 필수 과정 "시각적 실체화"

> **'우선 뭐라도 만들어 보자'라는 생각은 위험하다.**
> **하지만 언제나 이런 때에 많은 것을 배우게 된다.**
>
> — 크리스타 도널드슨(디-레브 CEO) —

디자인씽킹 방법론에서는 아이디어를 시각적으로 표현하는 것을 중시합니다. 누구나 보고 느낄 수 있도록 아이디어를 만들어 가는 과정에는 놀라운 힘이 숨어 있기 때문입니다. 하나의 아이디어가 어떤 방식으로든 실체화될 때, 놓치고 있는 것이 무엇인지 알게 되고 그 외에 많은 것을 배우게 됩니다. 만약 파급력 있는 해결책을 만들기 원한다면 추상적인 아이디어를 논하는 수준에 머물러서는 안 됩니다. 어떻게든 아이디어가 실제처럼 느껴지도록 구현할 필요가 있습니다.

아이디어를 실체화할 때 종이 상자나 가위처럼 간단한 도구로 하든 복잡하고 세련된 디지털 도구로 하든 상관없습니다. 아이디어가 형체를 갖추었을 때 비로소 아이디어의 가치를 테스트해 볼 수 있습니다. 또한 아이디어를 실제로 구현해 가는 과정에서 이전에 생각하지 못했던 아이디어의 가치나 어려움을 발견하게 됩니다.

시각적 실체화는 아이디어의 실현 가능성에 더욱 초점을 맞추도록 합니다. 시각적으로 실체화된 아이디어는 특히 아이디어를 이해 관계자와 공유할 때 효과적입니다. 아이디어를 실제로 보고 경험해 보면 개선점을 포함한 진솔한 피드백을 할 수 있고, 아이디어의 수준을 획기적으로 개선할 수 있습니다.

어떤 재료를 가지고 무엇을 만드는지, 결과물의 완성도가 높은지는 중요하지 않습니다. 중요한 점은 아이디어를 오감으로 경험할 수 있도록 실체화하고 이를 공유하여 더 나은 아이디어가 되도록 도울 피드백을 얻는 일입니다.

아이디어가 사업이 되기 위해서는 반드시 '시각화'라는 과정이 필요합니다. 기획 단계에서 프로토타입을 만드는 것, 사업 초기에 핵심 기능만 갖춘 MVP 상품을 만드는 것이 왜 중요한지 알 수 있습니다.

출처: 《디자인씽킹 가이드북: IDEO의 인간 중심 디자인》, (김정태 외, 엠와이소셜컴퍼니, 2018.)에서 부분 발췌, 재구성함.

우버의 초창기 MVP 중 하나:
현재 앱과 달리 모든 것이 수동으로 처리
(이미지 출처: AppCraft)

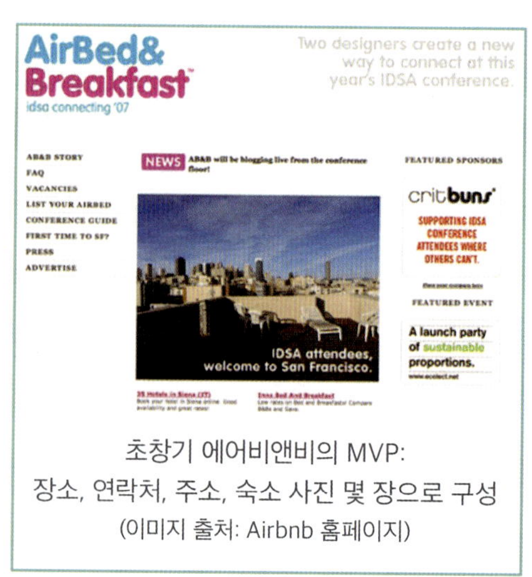

초창기 에어비앤비의 MVP:
장소, 연락처, 주소, 숙소 사진 몇 장으로 구성
(이미지 출처: Airbnb 홈페이지)

청소년용 성격 강점 검사

'활동04'의 DISC 성격 유형 검사는 사람마다 다른 행동 유형을 알아보고 어떤 역할에 잘 맞는지를 결정하는 데 참고할 수 있습니다. 이와 함께 자기가 가진 성격의 강점을 파악하면 자기 이해를 높여 진로 결정에 참고할 수 있습니다.

모든 사람들은 나름의 다양한 성격 강점이 있습니다. 그 강점들 중 개인의 독특성을 가장 잘 보여 줄 수 있는 성격 강점들이 '대표 성격 강점'입니다. 자기 성향에 맞게 창업가정신을 함양하는 방법을 찾고, 자신의 강점을 살려 창업을 한다면 어떨까요?

이 검사는 지성, 인간애, 용기, 절제, 초월의 핵심 덕목과 관련된 24개의 성격 강점을 측정합니다. 총 48개 문항으로 구성되어 있으며 성격 강점 요인별 합계 점수가 높을수록 자신의 '대표 강점'임을 뜻합니다.

검사 방법

① 나와 매우 비슷하면 5점, 나와 매우 다르면 1점을 준다.
② 4*, 6*, 22*, 32*, 36*, 42*번 문항은 '나와 매우 다르다'에 5점, '나와 매우 비슷하다'에 1점을 준다.

다음은 나의 성격 강점을 알아보기 위한 검사입니다. 각 문항을 천천히 읽은 후 점수를 매겨 봅시다.

※ 5점: 나와 매우 비슷하다. 4점: 나와 비슷하다. 3점: 중간이다. 2점: 나와 다르다. 1점: 나와 매우 다르다.

문항	점수
1. 나는 혼자 있을 때에도 전혀 심심하지 않다.	
2. 나는 알고 싶은 것이 있을 때, 대부분의 내 또래보다 책이나 컴퓨터를 더 열심히 찾아본다.	
3. 나는 새로운 것을 배우면 무척 기쁘다.	
4.* 박물관에 가는 게 정말 싫다.	
5. 나는 친구들과 게임이나 놀이를 하는 도중에 문제가 생기면 그 원인을 금방 알아낸다.	
6.* 부모님은 언제나 내 판단이 틀렸다고 지적하신다.	
7. 나는 언제나 재미있고 새로운 아이디어를 제안한다.	
8. 나는 내 또래보다 상상력이 훨씬 뛰어나다.	
9. 어른들이 내가 나이에 비해 아주 어른스럽다고 말씀하신다.	
10. 나는 사람이 살아가는 데 정말로 중요한 것이 무엇인지 알고 있다.	

문항	점수
11. 나는 어떤 단체에 가입해도 그 회원들과 잘 어울린다.	
12. 나는 즐거울 때든 슬플 때든 화날 때든 항상 그 원인을 알고 있다.	
13. 나는 새로 전학 온 친구에게 잘해 주려고 노력한다.	
14. 나는 부탁을 받지 않고도 스스로 이웃이나 부모님을 도와 드린 적이 있다.	
15. 나는 내가 누군가의 삶에서 가장 중요한 사람이라는 것을 알고 있다.	
16. 나는 형이나 누나, 사촌 형제와 심하게 싸우더라도 여전히 그들을 진심으로 사랑한다.	
17. 나는 아무리 두려워도 내가 한 말은 끝까지 지킨다.	
18. 나는 설령 놀림감이 되더라도 옳다고 생각한 대로 행동한다.	
19. 나의 부모님은 언제나 나를 칭찬하신다.	
20. 내가 목표를 이룩한 것은 스스로 열심히 했기 때문이다.	
21. 나는 다른 사람의 일기나 편지는 절대로 훔쳐보지 않는다.	
22.* 곤란한 상황에서 빠져나올 수 있다면 거짓말이라도 할 것이다.	
23. 나는 내 삶을 사랑한다.	
24. 나는 아침에 눈을 뜰 때마다 새로운 하루를 시작한다고 생각하면 흥분된다.	
25. 나는 동아리 활동이나 방과 후 활동을 하는 것이 즐겁다.	
26. 나는 학교에서 실시하는 단체 활동을 잘할 수 있다.	
27. 나는 설령 내가 싫어하는 사람이라도 그 사람을 다른 사람과 같이 공평하게 대한다.	
28. 나는 잘못하면 언제나 그 사실을 시인한다.	
29. 나는 친구들과 게임이나 운동을 할 때 주장을 하는 편이다.	
30. 나의 친구들이나 모둠원들은 주장으로서 나를 신뢰하고 존경하는 편이다.	

문항	점수
31. 나는 필요하다면 게임이나 텔레비전 시청을 당장 그만둘 수 있다.	
32.* 일을 할 때 항상 늦게 한다.	
33. 나는 나를 위험에 빠뜨릴 것 같은 상황이나 친구들은 피한다.	
34. 내 주변 어른들이 나의 말이나 행동이 현명하다고 평가하는 편이다.	
35. 나는 내가 말하기보다는 다른 사람들에게 말할 기회를 더 많이 준다.	
36.* 사람들은 나에게 잘난 척한다고 말한다.	
37. 나는 누군가 내 기분을 상하게 하더라도 그 사람에게 앙갚음하려고 하지 않는다.	
38. 나는 사람들이 내게 잘못을 해도 용서하는 편이다.	
39. 나는 대부분의 내 또래보다 음악이나 영화 감상, 춤추기를 훨씬 더 좋아한다.	
40. 나는 가을에 나뭇잎 색깔이 변해 가는 모습을 보는 게 기쁘다.	
41. 나는 내 생활에 고마워할 것이 많다.	
42.* 선생님께서 나를 도와주실 때 "고맙습니다."라고 말하는 것을 잊어버린다.	
43. 나는 학교 성적이 나쁘게 나오더라도 다음에는 더 잘 나올 것이라고 생각한다.	
44. 나는 커서 행복한 어른이 될 것 같다.	
45. 나는 사람이 저마다 특별한 존재이며 중요한 삶의 목적이 있다고 믿는다.	
46. 나는 불행한 일이 생기면 신앙심으로 극복할 수 있다.	
47. 나와 놀 때 친구들이 대부분 재미있어한다.	
48. 나는 친구가 우울해 보이거나 내 기분이 좋지 않을 때 즐거운 분위기를 만들기 위해 일부러 재미있는 행동을 하거나 우스갯소리를 한다.	

출처 : 청소년용 성격 강점 척도는 Park과 Peterson(2005)이 청소년용으로 만든 「VIA Survey for Youth」를 강점의 특성을 가장 잘 반영하는 질문으로 문항 수를 축소하여 박혜경(2010)의 연구에서 사용함.

성격 강점 검사 결과를 문항에 따라 합산하고 나의 대표 강점을 찾아봅시다.

핵심 덕목	성격 강점	문항	합산 점수
지성 WISDOM	호기심(Curiosity) → 모든 경험과 현상에 흥미를 느끼는 능력	1+2	
	학구열(Love of Learning Perspective) → 새로운 기술, 주제, 지식을 배우고 숙달하려는 동기와 능력	3+4	
	판단력(Judgement) → 사물이나 현상을 다양한 측면에서 철저하게 생각하고 검토하는 능력	5+6	
	창의성(Creativity) → 어떤 일을 하면서 새롭고 생산적인 방식으로 생각하는 능력	7+8	
	통찰(Perspective) → 사물이나 현상을 전체적인 관점에서 생각하고 타인에게 현명한 조언을 제공해 주는 능력	9+10	
인간애 HUMANITY	사회성(Social Intelligence) → 자신과 타인의 동기와 감정을 잘 파악하고 다양한 사회적 상황에서 어떻게 행동하는 것이 적절한지를 잘 아는 능력	11+12	
	친절(Kindness) → 타인을 위해 선한 행동을 하려는 동기와 실천력	13+14	
	사랑(Love) → 타인과 친밀한 관계를 소중하게 여기고 실천하는 능력	15+16	
용기 COURAGE	용감성(Bravery) → 위협, 도전, 난관, 고통으로부터 위축되지 않고 이를 극복하려는 능력	17+18	
	끈기(Perseverance) → 시작한 일을 마무리하여 완성하는 능력	19+20	
	진실성(Honesty) → 진실을 말하고 자신을 진실한 방식으로 제시하는 능력	21+22	
	열정(Zest) → 활기와 에너지를 가지고 삶과 일에 접근하는 태도	23+24	

핵심 덕목	성격 강점	문항	합산 점수
정의 JUSTICE	시민 의식(Teamwork) → 자신이 속한 집단의 이익을 추구하려는 책임 의식	25+26	
	공정성(Fairness) → 개인적 감정의 개입 없이 모두에게 공평한 기회를 주는 태도	27+28	
	리더십(Leadership) → 집단 활동을 조직화하고 그러한 활동이 진행되는 것을 파악하여 관리하는 능력	29+30	
절제 TEMPE- RANCE	자기 조절(Self-Regulation) → 자신의 다양한 감정, 욕구, 행동을 적절하게 잘 조절하는 능력	31+32	
	신중성(Prudence) → 조심스럽게 선택함으로써 불필요한 위험을 다루지 않으며, 나중에 후회할 일을 말하거나 행하지 않는 노력	33+34	
	겸손(Humility) → 자신이 이루어 낸 성취를 허세 부리지 않는 태도	35+36	
	용서(Forgiveness) → 잘못한 사람을 비난하지 않고 다시 기회를 주는 능력	37+38	
초월 TRAN- SCENDENCE	심미안(Apprec of Beauty & Excellence) → 다양한 삶의 영역에서 나타나는 아름다움을 인식하고 평가하는 능력	39+40	
	감사(Gratitude) → 좋은 일을 잘 알아차리고 그것을 고맙게 여기는 태도	41+42	
	낙관성(Hope) → 최선을 예상하고 그것을 성취하기 위해 노력하는 태도	43+44	
	영성(Spirituality) → 인생의 궁극적 목적과 의미에 대해 일관성 있는 신념으로 살아가는 태도	45+46	
	유머(Humor) → 웃고 장난치는 일을 좋아하고 다른 사람에게 웃음을 선사하는 능력	47+48	

•나의 대표 강점 순위는 ________________, ________________, ________________이다.

집필진

문미경 선생님

장안고등학교 진로전담교사

경기도 중등진로교육연구회 회장

한국진로교육학회 이사

2015, 2022 개정 교육과정 《진로와 직업》(씨마스) 집필

《창업가정신 워크북 입문편》(씨마스, 2025) 집필

남수현 선생님

연무중학교 진로전담교사

경기도 중등진로교육연구회 연구위원

부산 진로진학지원센터 창업교육 역량강화 교사 연수 강사

《창업가정신 워크북 입문편》(씨마스, 2025) 집필

오일환 선생님

삼괴고등학교 진로전담교사

경기도진로진학상담교사협의회 부회장

유네스코 국제포럼 TF 운영 위원 및 간사

전국 청소년 비즈쿨 교사협의회 부회장 역임

《세상을 바꾸는 기업가정신 개정판》(중소벤처기업부·창업진흥원, 2022.) 집필

《창업가정신 워크북 입문편》(씨마스, 2025) 집필

창업가정신 워크북
실전편

초판발행 2025년 9월 1일

지 은 이 문미경, 남수현, 오일환
펴 낸 이 이미래
펴 낸 곳 씨마스
주   소 서울특별시 강서구 강서로33가길 78 씨마스빌딩
등록번호 제301호-2011-214호
내용문의 02)2274-1590~2 | 팩스 02)2278-6702

편   집 김정미
디 자 인 표지: 이미라, 내지: 곽상엽

홈페이지 www.cmass.kr | **이메일** cmass@cmass21.co.kr
이 책에 대한 의견이나 잘못된 내용에 대한 수정 정보는 씨마스 홈페이지나 이메일로 알려 주시기 바랍니다.
잘못된 책은 구매처 또는 본사에서 교환해 드립니다.

이 책에 실린 모든 내용, 디자인, 편집 구성의 저작권은 지은이와 씨마스에 있습니다.
저작권법에 의해 보호받는 저작물이므로 무단 복제 및 전재를 금합니다.